> 4컷 만화로 보는

생활 속
재난 대비 생존 매뉴얼

『4コマですぐわかる 新 みんなの防災ハンドブック』
4 KOMA DE SUGU WAKARU SHIN MINNA NO BOSAI HANDBOOK
Copyright ⓒ 2019 by KAORU KUSANO
Illustrations ⓒ KAORU KUSANO
Original Japanese edition published by Discover 21, Inc., Tokyo, Japan
Korean edition published by arrangement with Discover 21, Inc.
through Imprima Korea Agency.
Korean translation copyright ⓒ 2020 by Sung An Dang, Inc.

우리 가족의 안전을 지켜주는 생존법 209

4컷 만화로 보는

생활 속
재난 대비
생존 매뉴얼

쿠사노 카오루 지음 · 황명희 옮김

BM (주)도서출판 성안당

재해 왕국 일본은 지진이 많이 발생한다.

성이 무너졌어……

호우 등의 물 재해는 매년 발생한다.

날씨예보와 긴급 대피 경로 지도 (해저드 맵)도 있고

선형 강수대

덕분에 무사해.

대피하길 잘했어!

대피 권고도 했지만

많은 사람이 대피가 늦었던 경우도 있었다.

다행이네~

서일본 호우 때는 사망자가 200명 이상이었다고 한다.

이럴 수가……

방재 지식이 조금이라도 있으면

나와 가족을 다 지킬 수 있을 거야!

오늘부터 온 가족이 '방재 지식 쌓기' 시작!

▶ 세계 대지진의 20%가 일본에서 일어난다

풍요로움과 잔혹함은 동전의 양면과 같다

지구 표면을 이동하는 플레이트. 세계에서도 드물게 플레이트 4판이 모인 지점에 일본 열도가 있다. 그런 까닭에 일본은 전 세계에서 손꼽히는 화산 발생국이며 지진 대국이 되었다. 일본의 국토 면적은 전 세계 대지의 0.25%에 불과하지만, 세계 대지진(진도 6 이상)의 20% 이상이 일본 주변에서 발생하고 있다. 아름다운 산, 온천, 풍부한 어장…… 아름다움과 잔혹함을 동시에 가진 것이 바로 '자연'이다.

▶ 태고부터 일본은 수많은 재해와 직면해 왔다

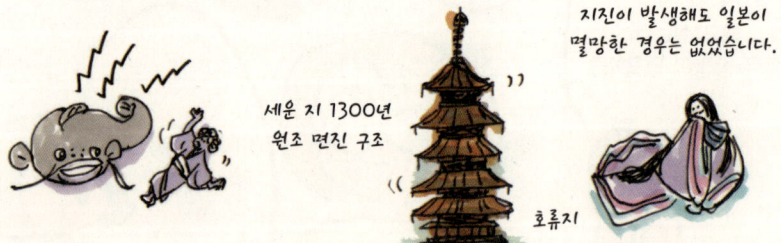

일본인은 지혜를 모아 극복해 왔다

일본은 천재지변으로 옛날부터 수없이 많은 재해에 휩싸여 왔으며 그에 따른 많은 자료도 남아 있다. 지진 외에도 여름과 가을에는 엄청난 위력을 가진 태풍으로 농작물도 위협받아 왔다. 그런 가운데 일본인은 지혜를 모아 방법을 모색하며 재해를 극복해 왔다. 후손에 대한 경고로써 옛날부터 내려오는 재해에 대한 징조도 남아 있다. 예를 들어 우물이 마르거나, 심해어가 뛰어오르는 현상은 지진의 전조로 전해지고 있다. 지금 한번 재해 예측의 관점에서 검증해 봐도 좋지 않을까?

▶ 지진으로 인해 많은 재해가 일어나고 있다

벼랑 붕괴　　　　　액상화 현상　　　　　화재

'복합 화재'가 피해를 키운다

지진이 무서운 것은 지진에서 발생하는 2차 재해가 더해져 복합 재해가 된다는 점이다. 지진에 의해 유출된 기름으로 화재가 일어나고, 비가 내리면 지반이 무너져 산사태가 발생한다. 도시, 바다, 산, 강 할 것 없이 모든 곳이 위험하다. 그때 나는 누구와 어디에 있을까. 계절이나 날씨에 따라 언제 어디서 어떤 재해가 일어날지 모른다. 상황에 따라 어떻게 행동하느냐에 따라 생사가 결정된다.

▶ 지진에 의해 피할 수 없을 정도로 큰 해일이 오기도 한다

 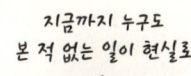 

해일

본 적이 없는 게 당연하다

2011년 3월 11일 오후 2시 46분. 산리쿠 해역을 진원으로 거대한 지진이 발생, 큰 흔들림과 함께 해안선에 벽이 되어 밀려온 큰 해일에 의해 많은 사상자가 발생했다. 해일은 홋카이도에서 관동 태평양 연안에 밀려 어선과 항구, 주거 지역과 농지를 집어삼켰다. 또한, 해일로 인한 침수 면적은 561km^2(야마노테선 내부 면적의 약 9배)에 달했다. '본 적도, 경험한 적도 없는' 규모의 재해가 가까운 미래에 반드시 온다는 마음가짐으로 살아가는 것. 그것이 우리가 지금 할 수 있는 일이다.

▶ 예상치 못한 재해는 매년 온다

대지진

폭설

집중호우

매년 바뀌는 환경과 기상이변

　기상청의 정의에 따르면 기상이변은 과거 30년간의 관측에 비해 현저한 편차를 보인 기후라고 한다. 지구 온난화가 진행되고 있는 지금, 우리에게 기상이변은 익숙해져 가고 있다. 무더위, 따뜻한 겨울, 폭설, 게릴라성 집중호우, 회오리, 지진, 대형 해일, 태풍……. 게다가 최근에는 화산 분화 등의 피해도 간과할 수 없다. 우리는 지금까지 없었던 가혹한 자연 환경과 마주할 각오가 필요하다.

▶ 자연의 기세를 만만하게 보면 안 된다

게릴라성 집중호우

수심이 20cm만 돼도 문이 열리지 않는다!

차량 배기구에 물이 들어가면 엔진 고장의 원인이 되기도!

물은 예상을 뛰어넘는 기세로 습격해 온다

　이상기후 중에도 우리 바로 가까이에 있는 위험은 바로 '게릴라성 호우', '집중호우' 등으로 인한 물 재해이다. 물은 우리의 예상을 뛰어넘는 속도로 습격해 온다. 지하 맨홀에서 작업하고 있던 남성이 대피가 늦어 물에 휩쓸려 사망한 사고도 있었다. 또한, 자택 지하실에 있던 남성과, 농업용 수로를 보러 갔다가 피해를 입는 사고도 있었다. 게릴라성 호우나 태풍은 매년 찾아온다. 잘 알고 있는 익숙한 곳이라도 순식간에 위험한 장소로 변한다는 것을 잊지 말자.

▶ 스스로 판단하고 행동한다

매뉴얼

정보

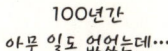
100년간 아무 일도 없었는데…

알고 있던 지식

어떻게 생각하고 어떻게 움직일지, 예상치 못하는 상황도 예상하여 대비한다

이 세상에 완벽한 방재 설비와 방재 매뉴얼은 없지만, 지식을 아는 것과 모르는 것에는 큰 차이가 있다. 방재 정보는 소방서 팸플릿이나 관공서 홈페이지, TV, 라디오, 방재 훈련, 스터디 그룹 등으로 충분히 얻을 수 있다. 그러나 실제로 재해에 직면하면 결국 판단은 스스로의 몫이다. 살아남기 위해서는 당황하지 말고, 정보를 그대로 받아들여서도 안 되며, 스스로 생각하고 판단하여 행동해야 한다.

▶ 만일의 경우를 위해 '비상물품 배낭'을 준비

엄마용 / 아빠용 / 딸용 / 아들용
4인 가족은 4세트를 준비

실제로 짊어져 보고 무게를 확인하자

'비상물품 배낭'은 스스로 관리한다

재해는 갑자기 찾아오므로 비상물품 배낭을 준비해 놓자. 또한, 대피할 때를 생각해서 무게는 5kg 정도로 한다. 개인적인 물품이나 필수품은 자신이 책임지고 비상물품 배낭에 챙기고 가족에게 미루지 않는 것이 중요하다. 어린 아이, 장애인, 지병이 있거나 투병 중인 분이 있는 가정에서는 당연히 챙겨야 할 내용물도 다르다. 준비한 물품 배낭은 바로 꺼낼 수 있는 장소에 두는 것을 잊지 않도록 한다. 비상물품 배낭 안에 넣어야 할 아이템을 다음 페이지에서 자세히 살펴보자.

비상물품 배낭 챙기기

비축 식재료 · 식품

포크 스푼

비상식

아기용품

1회용 기저귀   젖병   분유   물티슈

일용품

 주방가위

 비닐봉투

 필기도구

 목장갑

비옷

손수건

 식품용 랩

 실내화

 보자기

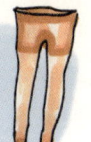 스타킹

 성냥   라이터

 티슈

 두루마리 화장지

 천 테이프

책도 챙겨요!

차 례

부록

7일간 혼자 힘으로 생존하기 위해 바로 해야 할 14가지 대피 요령

우리 집 대피 지도

시작하며 008

비상물품 배낭 챙기기 012

제1장
재해에 대비하기

지금 당장 할 수 있는 준비부터 시작하기 022
가구 배치를 검토하고 고정하자 023
모든 방법을 동원해 생명의 물을 확보하자 024
욕조에 남은 물을 버리지 않는 습관을 기르자 025
페트병을 활용한 매일 간단 방재 습관 026
필요한 식량을 주방에 비축해 두자 027
필요한 의약품을 정리해 두자 028
알레르기 대응식품을 비축하자 029
재해용 음성 사서함 사용법을 외워 두자 030
SNS 사용법을 알아 두자 031

비상시에는 먼 곳을 연락 거점으로 한다 032
비상연락 카드를 준비하자 033
'라디오'를 활용하여 정보를 얻자 034
대피 요청의 종류를 익혀 두자 035

우리 집과 집 주변 살피기 036
사는 지역의 땅의 위험도를 파악하자 037
조성지는 얼마나 위험할까? 038
'내진화의 지연'은 사람도 거리도 위험에 노출된다 039
주변을 잘 살펴두자 040
비상시 가족의 집합 장소를 정해놓자 041
이웃에 말하는 것을 잊지 않는다 042
집 주변의 급수 시설을 확인하자 043
재해 시 공동우물을 확인하자 044
귀가 지원 센터를 이용하자 045
대피소 종류에 따라 역할이 다르다 046
대피소에는 정원(定員)이 있다 047
나만의 '대피 지도'를 만들자 048
공중전화가 있는 장소를 알아두자 049

있으면 안심되는 방재용품과 보험 050
만일의 경우에 활약하는 수동식 충전기 051
아이에게 편리한 낚시 조끼 052

평소에 미리 차에 실어 두는 '방재용품' 053
보이면 바로 구매하는 '1,000원 샵' 방재용품 054
다양한 종류의 내진 셸터 055
지진보험에 대해 알아두자 056

상황별 지진 대책 – 해안가에서 068
상황별 지진 대책 – 산에서 069
상황별 지진 대책 – 회사에서 070
상황별 지진 대책 – 지하도에서 071
상황별 지진 대책 – 전철에서 072
상황별 지진 대책 – 지하철에서 073
상황별 지진 대책 – 역 승강장에서 074
상황별 지진 대책 – 사무실 밀집 지역에서 075
상황별 지진 대책 – 욕실에서 076
상황별 지진 대책 – 운전 중에 077
상황별 지진 대책 – 고속도로에서 078
상황별 지진 대책 – 슈퍼마켓에서 079
상황별 지진 대책 – 경기장에서 080
상황별 지진 대책 – 에스컬레이터에서 081
상황별 지진 대책 – 엘리베이터에서 082
상황별 지진 대책 – 폭설일 때 083

제 2 장
재해 발생! 무엇을 해야 할까?

지진이 일어나면 즉시 행동한다 058
지진 발생! 탈출구를 확보하자 059
머리를 보호하는 요령은 손목이 포인트 060
바로 뛰어나가야 하는 경우도 있다 061
발밑의 안전을 확보하자 062
건물 잔해물 속에 갇혔다면 063
차단기를 내리고 대피하자 064
블록 담장에는 접근하지 말 것 065
상황별 지진 대책 – 영화관이나 극장에서 066
상황별 지진 대책 – 노래방 등에서 067

불이 났을 때 084
소화기 사용법을 익혀둔다 085
다양한 소화기 종류 086
불과 연기로부터 안전하게 피하자! 087
불 붙는 옷을 주의하자 088
흔히 발생하는 '스프레이 캔' 사고! 089

015

비가 많이 올 때 090
보도되는 강우량을 알아두자 091
'풍속'이란 무엇인가? 092
태풍 접근! 정전·단수에 대비하자(실내) 093
태풍에 대비하자(실외) 094
태풍 시에는 자동차도 대피시키자 095
게릴라성 호우가 내릴 때는 운전에 주의하자 096
토사 재해로부터 몸을 지키자 097
'사방(沙防) 댐'만 있으면 안심? 098
호우 시에는 가정의 배수를 자제하자 099
흙부대를 만들어 피해를 막자 100
천정천에 주의하자 101

돌풍, 번개, 눈사태일 때 102
회오리바람에 대비하자(실내) 103
회오리바람에 대피하자(실외) 104
번개로부터 도망쳐! '번개 웅크림'을 익혀보자! 105
폭설로 차가 꼼짝 못 하면 생명이 위험할 수 있다 106
눈사태에서 살아남기 107

방사능 대처법 108
방사능의 기본 지식 109
방사능은 눈에 보이지 않는 공포 110
방사능으로부터 몸을 지키자(실외) 111
방사능으로부터 몸을 지키자(실내) 112

제 3 장
재해 피해, 그 후

자신과 가족의 안전이 최우선! 114
최우선은 '자신의 생명'이다! 115
대용품으로 여진에 대비하자 116
아이의 인도 규칙을 정해놓자 117
귀가할 수 없을 때는 무리하게 귀가하지 않는다 118
지진으로 가스가 멈춘다면 119
재해 FM(임시 재해방송국)에 주의를 기울이자 120
치우기 전에 '피해 사진'을 찍어둔다 121
무너진 집의 붉은 벽보는 무엇일까? 122
트위터로 구조 요청이 가능할까? 123

정전 대책 세우기 124
정전에 대비하자 125
철저한 절전 방법 126
헤드라이트와 야광 팔찌를 활용하자 127
빛을 밝히고 마음에 불을 켜자 128
냉장고 정전 대책 129
전기를 사용할 때는 시간차를 활용하자 130
갈대발에 물 뿌리기로 시원한 바람을 넣자 131
겨울 절전은 따뜻함을 놓치지 않는 것 132

랩을 다양하게 활용하기 139
다양하게 활용할 수 있는 팬티스타킹 140
옛날부터 만능인 광목 수건 141
티끌과 먼지로부터 지켜주는 비옷 142
긴급 상황 시 간이 생리대 만들기 143
집에 있는 물건들로 침낭 만들기 144
데님재킷으로 아기띠 만들기 145
앞치마로 아기 의자 만들기 146
긴급 시 아기 기저귀 만들기 147
아기용 물티슈 직접 만들어 보기 148
비상시 도움이 되는 '액상분유' 149

간단한 요리로 재해 극복하기 150
우유팩으로 숟가락 만들기 151
깡통 따개 없이 통조림을 여는 방법 152
아이디어가 빛나는 요리 도구 153
비닐봉지로 밥 짓기 154
찬밥으로 유통기한 6개월 보존식 만들기 155
불을 사용하지 않는 요리 모색하기 156
보온 조리 기구 만들기 157
알루미늄 캔으로 난로 만들기 158
음식에서 방사성 물질을 제거하는 방법 160

제4장
비상시 유용한 아이디어

평소에 쓰는 도구를 활용하기 134
페트병 뚜껑이 샤워기로 변신! 135
페트병으로 만드는 파리잡기 도구 136
페트병으로 보온 주머니를 만들자 137
아낌없이 사용할 수 있는 신문지 활용하기 138

제5장
비상시 위생과 멘탈 관리법

화장실 문제 해결법 162
화장실도 하수관도 피해를 입는다! 163
하수관이 정상인지 확인하는 방법 164
배수의 구조 알아 두기 165
화장실의 '쿨렁거림'과 '배수구 역류' 166
'재해용 화장실'과 '비상용 화장실'을 알아보자 167
집 화장실에 '비상용 화장실'을 설치한다 168
신문지와 비닐봉지로 간이 화장실 만들기 169
마당에 화장실을 만들자 170
다같이 사용하는 화장실은 위생 관리를 철저히! 171

비상시일수록 청결을 유지하기 172
알아두어야 할 골절 응급처치 173
의식이 있는 사람을 옮기는 방법 174
의식이 없는 사람을 옮기는 방법 175
삼각건 사용법 ① 176
삼각건 사용법 ② 177
저체온증 대처법 178
열사병은 재빨리 대처하자 179
식중독이 의심될 때의 대처법 180
양치할 수 없을 때의 구강 청결법 181

잇몸 닦기로 폐렴을 예방하자 182
분비 촉진 마사지를 하자 183
틀니를 빼 둔다 184
목욕할 수 없을 때는 185
단수 시 머리 감는 법 186
이코노미 클래스 증후군을 예방하자 187
지진으로 멀미가 날 때는 188
평형감각 상실로 인한 현기증에 주의하자 189
물에 빠진 사람을 도와줄 때 190
생명을 구하기 위한 응급 행동 191

비상시 안정을 유지하는 방법 192
재해 후 3주 정도 지났을 때가 중요하다 193
없던 일로 하고 싶은 마음의 병 194
스트레칭으로 긴장 풀기 195
마음의 재해 – 혼자 남겨졌을 때 ① 196
마음의 재해 – 혼자 남겨졌을 때 ② 197
태핑 터치로 마음 안정시키기 198
혼자서도 할 수 있는 태핑 터치 199
둘이서 할 수 있는 태핑 터치 200
'좋은 수면'을 위한 방법 모색하기 201
'종이상자 칸막이'로 사생활 확보하기 202
실컷 울어보자 203
내일을 향해 방긋 웃는 습관 204
아이의 불안에도 신경 쓰자 205

아이의 스트레스를 관리하자 206
마음의 재해에 주의하자 207

범죄로부터 자신을 지키기 208
평소보다 경계하자 209
여성을 노린 범죄에 조심하자 210
재해 빙자 사기에 주의하자 211
거짓 정보에 휘둘리지 말자 212

반려동물용 방재용품도 준비하자 220
재난 현장의 영웅들에게 경의와 감사를! 221
대피 생활 중의 '2차 재해'에 주의하자 222
스스로 정보를 모으자 223

재해 후 정리와 새출발 마음가짐 224
건물 잔해물 처리는 어떻게 해야 할까? 225
쓸려내려 온 남의 집 가구는 어떻게 처분할까? 226
수해 뒤처리(집 안) 227
수해 뒤처리(여러 가지) 228
바닥 침수라도 방심하지 말자 229
차가 물에 잠겼다면? 230
염해 뒤처리를 꼼꼼하게! 231
건물의 이상 신호에 주의를 기울이자 232

제6장
대피 생활과 다시 일어서기

대피 생활에서 중요한 것 214
대피소에서는 1인 1역 215
리더십이 있는 사람을 리더로 선출하자 216
'복지 대피소'를 알고 있나요? 217
'반려동물과 함께 대피'하는 것이 원칙 218
반려동물의 '동행 대피'와 '동반 대피'는 다르다 219

제 7 장
금전 관련 문제 & 재해 지역 지원

각종 지원금 혜택 알아두기 234
같은 재해라도 지원금 적용 기준이 다르다 235
이재 증명서가 뭐예요? 236
신청하지 않으면 지원도 받지 못한다 237
앞으로의 인생을 지원하는 재해 조위금 238
재해 관련 사망 시에도 조의금이 지급된다 239
변호사회의 무료 상담을 이용하자 240
'피해 대출 감면제도'를 알고 있나요? 241
화재보험, 가재보험을 확인하자 242
생명보험에 가입했는지 잘 모르겠다 243

재해 지역 지원하기 244
자원봉사센터의 활동 알아보기 245
자원봉사자의 기본 마음가짐 246
자원봉사자의 올바른 자세와 장비 247
자원봉사자 보험에 가입해 두자 248
무료 봉사버스를 이용해 재해 지역 방문 249
자신의 능력을 조용히 어필하자 250
자원봉사를 부탁하는 데도 요령이 있다? 251
누구에게도 말할 수 없는 고민을 해결해 주자 252
사진 복구 작업을 통해 되살아나는 추억 253
외국인을 위한 지원은? 254

인기 있는 지원 물자는? 255
물자를 받는 사람의 기분을 고려하자 256
우리가 할 수 있는 작은 것부터 지원한다 257

그 이후로 많은 일이 일어났습니다 258

제 1 장

재해에 대비하기

지금 당장 할 수 있는 준비부터 시작하기

가구 배치를 검토하고 고정하자 1

대피하지 못해서 죽는 일이 없도록 지금 할 수 있는 일을 하자

1995년 1월 17일에 발생한 한신·아와지 대지진에서는 자는 사이에 쓰러진 가구에 깔려 사망한 사람이 많았다. 수납장, 냉장고, TV, 피아노, 책장, 특히 침실의 가구는 위험하다. 가구의 배치를 검토하고 전도, 낙하 방지 조치를 해두자. 벽과 천장의 강도, 바닥의 종류에 따라 적당한 전도 방지 기구를 선택해서 대책을 세우자.

지진이 발생하면 사방에서 가구가 날아온다.

침실은 안전한가?

거실장은 안전한가?

가구 고정이 최우선이다!

조명기구의 낙하 방지

캐스터의 이동 방지

좌우 여닫이
문에는 고정 잠금장치

압축봉 형태

ㄴ자 쇠장식

전도 방지판

제1장 재해에 대비하기

1 모든 방법을 동원해 생명의 물을 확보하자

대피 생활에서 중요한 물!

폴리탱크

한신·아와지 대지진 때 10배의 가격으로 뒷거래된 적도 있다.

크고 청결한 물통을 준비해 놓는 가정은 적을 뿐더러

물 18L = 18kg

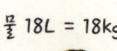

움직이지 않아

심지어 물통에 물을 넣으면 엄청 무겁다.

집에 있는 물건 중에 물을 운반할 수 있는 용기가 있는지 찾아보자.

유사 시에는 비닐봉지를 이중으로 해서 물을 담고 종이 박스에 넣어서

쇼핑카트로 운반할 수 있다.

1인당 하루 3리터의 물이 필요하다

집에 있을 때 재해가 일어난 경우에는 수돗물이 나오는 동안 가능한 한 물을 확보해 두고, 지혜롭게 머리를 굴려 아껴 쓰도록 하자.

평상시처럼 물을 사용하면 금방 부족해진다. 단수일 때 손수 급수차에서 물을 운반할 일을 상상해 보자. 만약을 대비하여 크고 튼튼한 비닐봉지를 넉넉하게 준비해 두면 여러 가지로 편리하다.

작게 접을 수 있는 워터탱크도 편리하다.

욕조에 남은 물을 버리지 않는 습관을 기르자 ◀ 1

남은 물은 생활용수로 이용할 수 있다

우리가 살아가기 위해서는 먹는 물 외에도 생활용수가 필요하다. 욕조의 남은 물을 생활용수로 활용하자. 화장실이나 세탁, 그 외에 화재 시 초기 진압에도 이용할 수 있다.

단수가 되면 화장실을 이용할 때 변기에 휴지를 넣지 말고 휴지통에 따로 버린다. 변기 세정은 소용돌이가 생기도록 물을 흘려보내면 적은 양으로도 가능하다.

단, 생활용수와 변기에 물을 내릴 때는 먼저 하수도가 무사한지 확인해야 하며(화장실, 하수도 피해 관련 내용은 p.163 참조) 스스로를 지키려는 마음가짐이 중요하다.

제1장 재해에 대비하기 025

1 페트병을 활용한 매일 간단 방재 습관

비상용 물을 페트병에 넣어둔다.

예를 들어 가족 4인분.

페트병의 물은 매일 아침 새로운 수돗물로 교체한다.

입구까지 물을 넣는다.

교체할 때는 안의 물을 버리지 말고

화분에 물을 주거나

식사한 식기를 담가두는 물 등으로 이용하자.

수돗물을 페트병에 담아 항상 준비해 둔다

2011년 3월 11일에 발생한 동일본 대지진 직후, 마트에서 생수가 사라졌다. 대규모 재해가 발생하면 제품의 유통이나 지원이 밀릴 수도 있다. 그런 경우에 당황하지 않도록 수돗물을 페트병에 담아 모아두자. 페트병 입구 끝까지 물을 넣고 뚜껑을 닫는 것이 요령이다. 공기에 접촉하지 않도록 하면 안의 물이 쉽게 상하지 않는다. 끓여서 식힌 물처럼 소독 성분이 빠진 것은 상하기 쉬우므로 적합하지 않다.

습관화하면 매일 새로운 물을 준비할 수 있으므로 안심할 수 있다.

습관이 되면 힘들지 않아요.

필요한 식량을 주방에 비축해 두자

평소에 먹던 식재료를 충분히 사서 비축한다

오랫동안 비상 시 식량 비축은 '3일분이면 충분하다'라고 여겨져 왔다. 그러나 동일본 대지진 이후 '1주일분 이상의 재료 비축이 필요'한 것으로 인식이 바뀌었다. 대규모 재해는 유통에도 큰 영향을 준다.

'오래가는 식품'을 일상적으로 많이 구매해 놓는 것도 방재라 할 수 있다. 비축품이 유사시에 '비상식'이 되는 것이다. 소비하면서 비축하는 방법은 '일상비축' 또는 '롤링 스톡'이라고 부른다. 비상시야말로 '익숙한 맛'을 안심하며 먹는 것이 중요하다.

스트레스로 모유가 나오지 않기도 한다.

비상식은 흔히 건빵과 물이지만

맛없어~

최근에는 다양하게 진화하고 있다.

가족수만큼 갖추면 좀 비싸네……

오래 보존이 가능한 식재료는 비상식 외에도 의외로 많다.

뜨거운 물만 있으면 먹을 수 있는 식품도 많다.

유통기한을 확인하고 정기적으로 교체하자.

1. 필요한 의약품을 정리해 두자

지병이 있는 사람은 평소 처방전 및 상비약을 준비한다.

방재용품은 부상을 당할 경우도 대비해 준비한다.

위생용품, 예방용품은 괜찮은가?

상비약 사용 기한도 확인하자.

자신에게 필요한 것을 스스로 준비한다

청각장애가 있는 사람은 필담으로 의사소통을 할 수 있도록 메모장 등을 준비해 두자. 지병이 있는 사람은 담당 의료기관 연락처와 상비 의약품 등을 준비해 두면 안심할 수 있다. 처방전 복사본을 챙겨두어도 도움이 된다.

재해 시에는 신원을 확인할 수 있는 운전면허증, 보험증, 장애인 수첩, 산모 수첩 등의 신분증과 긴급 연락 카드(긴급 연락처와 담당 의료기관 등을 기입한 것)를 몸에 지니도록 한다. 준비한 의료용품의 사용기한 확인도 잊지 말고 해 두자.

투명한 봉투에 넣어둔다.

알레르기 대응식품을 비축하자 1

음식물 알레르기가 있는 아이를 둔 엄마가 주의할 사항

음식물 알레르기가 있는 가족이 있다면 방재용 비축 식량에도 신경을 써야 한다. 생명과 직결된 알레르기라면 더욱 그렇다. 이런 아이들은 지원물자로 분유나 식사를 안심하고 제공받을 수 없기 때문이다.
알레르기 대응 식품을 동일본 대지진의 피해 지역에 보낸 단체도 있었지만, 대부분 당사자의 손에 들어가기 어려운 것이 현실이다. 미리 스스로 어느 정도의 알레르기 대응식품을 준비해 두는 것이 좋다.

알레르기 증상은 여러 가지

동일본 대지진 때 음식물 알레르기를 가진 아이가 있는 어머니는 애로 사항이 많았다.

한편, 재해지역의 관공서는 알레르기 대응 지원물자가 와도 나눠 줄 대상을 모른다.

어려움을 겪고 있는 어머니의 사정을 알게 된 보건소 직원이 정보를 알려주었다. 이것은 운이 좋은 예!

입소문이나 인터넷이 도움이 되었다.

1 재해용 음성 사서함 사용법을 외워 두자

재해용 음성 사서함은 지진 등의 재해 발생 시에 이용할 수 있다.

모든 전화기에서 사용할 수 있다.

공중전화
집 전화
휴대전화

음성을 녹음할 때는

171에 전화해서 안내에 따라 1 그대로 안내······

무사합니다.

음성을 재생할 때는

171에 전화해서 안내에 따라 2 그대로 안내······

무사합니다.

어린이부터 어른까지 가족 모두가 사용법을 익힌다

지진 등의 재해 발생 시 피해 지역에 통화가 연결되지 않는 상황일 때 이 서비스가 개시된다.

- 음성 녹음 시간 → 한 통화 당 30초 이내
- 음성 보존 기간 → 운용 기간 종료 시까지
- 음성 축적 수 → 전화번호당 1~20 전언(제공 시에 알림)

체험 이용 제공일이 있으므로 연습도 해볼 수 있다.

재해용 음성사서함 번호 171을 외워두면 좋다.

각 휴대폰 회사에서는 문자를 등록·열람할 수 있는 '재해용 전언판'도 있으므로 알아 두자.

각 통신사에서도 전언판을 개설하고 있다.

SNS 사용법을 알아 두자 1

SNS로 안부 확인

'LINE' 앱의 '읽음 기능'은 동일본 대지진을 계기로 만들어졌다. '트위터'의 '다이렉트 메시지'는 PC나 휴대폰의 메일 기능과 마찬가지로 비공개로 사용할 수 있다.

'페이스북'을 이용한다면 '메신저'에서 LINE처럼 대화할 수 있다. 참고로 페이스북은 구마모토 지진 때 이용자의 안부 확인이 가능한 '재해 시 정보센터'를 설치했다. SNS를 잘 다루면 가족과 친구와의 관계가 좀 더 가까워지기도 한다.

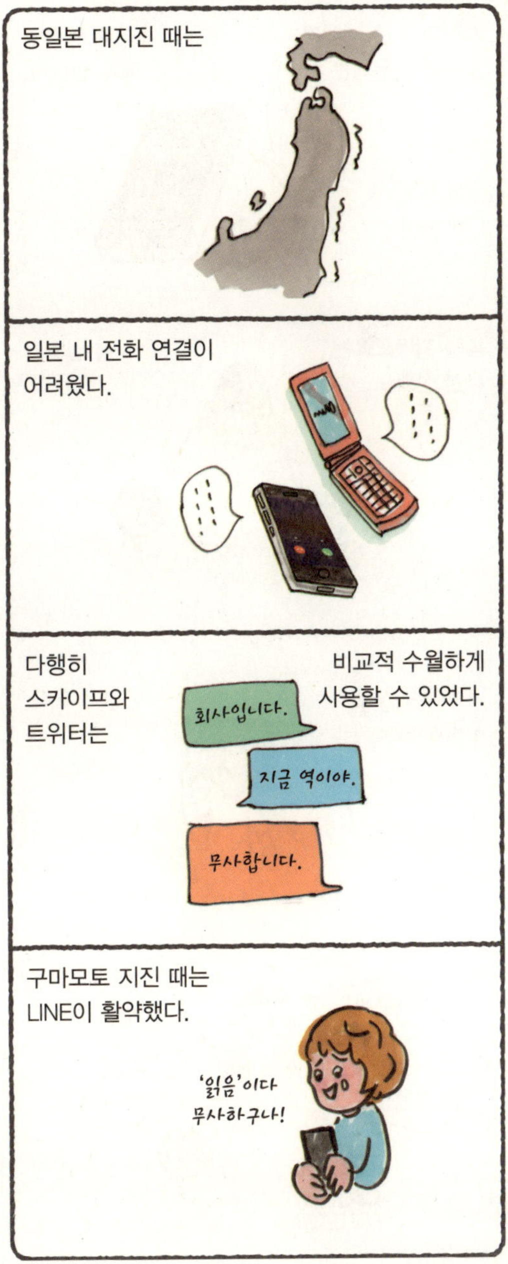

동일본 대지진 때는

일본 내 전화 연결이 어려웠다.

다행히 스카이프와 트위터는 비교적 수월하게 사용할 수 있었다.

회사입니다.
지금 역이야.
무사합니다.

구마모토 지진 때는 LINE이 활약했다.

'읽음'이다 무사하구나!

3월 11일 캐나다에 있는 딸에게 가장 빨리 연락이 왔습니다.

괜찮아요?

당시 폴더폰

제1장 재해에 대비하기 031

1. 비상시에는 먼 곳을 연락 거점으로 한다

삼각 연락법으로 원활하게 안부 확인하기

업무 중에 지진 등의 재해가 일어났다고 상상해 보자. 가족의 안전이 확인되면 심리적인 스트레스가 많이 해소될 것이다. 안부 확인 네트워크를 평소에 잘 확인해 두자.

전화→메일→삼각 연락법→재해용 음성 사서함 식으로 우선순위를 두고 서로 연락을 취할 규칙을 정해 두면 좋다.

비상연락 카드를 준비하자 1

필요한 정보는 '종이'에 남긴다

재해에 대비해 '비상연락 카드'를 준비해 두자. 비상연락 카드에는 이름, 생년월일, 전화번호, 연락처, 보험증 번호, 가족 구성, 가족의 휴대전화번호, 직장, 학교, 친척의 연락처를 기입한다. 면허증 사본이나 지병이 있는 사람은 담당 병원과 처방전 사본 등도 함께 두면 좋다.

특히 사진이 첨부된 신분증은 여러 가지로 도움이 된다. 지원금이나 수하물 수령에 필요한 목도장도 준비해 두면 편리하다.

낚시조끼를 활용하면 좋다.

휴대폰 보급으로	'전화번호부=휴대폰' 이라는 인식을 가진 사람도 많다. 
하지만 휴대폰은 배터리 소진이나 분실, 고장이 날 우려가 있다.	
'비상연락 카드'를 준비해 두자.	
대피소에서는 바로 꺼낼 수 있는 곳에 두자.	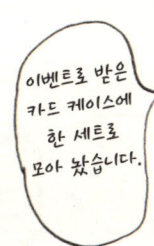 이벤트로 받은 카드 케이스에 한 세트로 모아 놨습니다. 

제1장 재해에 대비하기

1 '라디오'를 활용하여 정보를 얻자

2만 명 이상의 희생자를 낸 동일본 대지진은 TSUNAMI

사상 최초로 TV에서 해일의 첫 파도가 생중계 되었다.

그러나 TV의 '대형해일경보'를 정작 봤어야 할 사람들에게는

거의 전해지지 않았다!

지진이다.

왜냐하면 지진 직후 정전이 되었기 때문이다.

뚝~

TV가 꺼졌어.

중요한 재해 정보를 놓치지 않기 위해서는 라디오를 준비해 두자.

생명이 걸린 정보를 놓치지 않기 위해서는

큰 재해가 발생하면 NHK 방송국은 TV, 라디오의 모든 방송에서 '재해 정보'를 내보낸다. 정전 때도 정보를 얻을 수 있는 라디오를 준비하자.
또한, 스마트폰으로도 라디오를 들을 수 있는 앱 '라지코'가 있다(단, 휴대폰의 경우 배터리 소진이나 중계 기지의 파괴로 연결이 안 될 수도 있음).

라지코

대피소에서도 활용 가능

대피 요청의 종류를 익혀 두자 1

경보 명칭을 가족 모두 외워두기

몇 년 전까지 '대피 준비·고령자 등 대피 개시'는 '대피 준비 정보'라는 명칭이었다. '대피 준비 정보'라고는 해도 대피를 촉구하는 경보라고 생각하지 못한 고령자의 피해가 잇따라 명칭이 변경되었다. 대피 요청의 종류와 발표 출처를 알아보자.

- 기상청
  호우주의보, 호우경보, 호우특별경보, 토사재해를 발표
- 행정지역
  대피 준비·고령자 대피 개시, 대피 권고, 대피 지시(긴급)를 발령

명령이다!!

'대피 준비·고령자 등 대피 개시'

케어가 필요한 노인이나 대피하는 데 시간이 걸리는 사람은 대피를 시작하라는 의미이다.

'대피 권고'가 나오면

대피해야 돼요.

재해로 인한 피해가 예상되므로 대피를 시작할 것.

'대피 지시(긴급)'

위험성이 매우 높아진 경우에 발령하는 최종 지시!

다행히 재해가 빗나가더라도 일단 대피! '대피 훈련'이라고 생각하면 된다.

빗나가서 다행이야.

제1장 재해에 대비하기　035

해저드 맵에
우리 집 표시해 두기

우리 집과
집 주변 살피기

사는 지역의 땅의 위험도를 파악하자 1

지진, 태풍, 수해, 액상화······ 재해 위험도 알아보기

예전에 언덕 위에 살았을 때 호우가 내리면 물이 흘러드는 길이 있었다. 비는 아스팔트를 달리듯 강물처럼 흘러서 가장 낮은 도로로 흘러 들어갔다. 그 때문에 도로변에 있는 반지하 상점과 주택은 담을 두르거나 흙을 쌓는 등의 어려움을 겪었다.

즉, 아무 위험이 없어 보이는 마을에도 뜻밖의 위험이 있다. 전봇대 등에 '홍수 흔적 기록'이 표시되어 있는 경우도 있고, 액상화 맵을 공개하고 있는 지자체도 있으므로 주의해서 살펴보자.

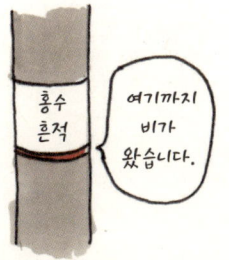

동일본 대지진 때는 대규모의 액상화 현상으로 인한 피해가 발생했다.

버섯처럼 튀어나온 맨홀

참고할 만한것은 지자체에서 만들고 있는 해저드 맵(긴급 대피 경로도).

오래된 지명에서도 파악할 수 있다. 수해를 의미하는 '용', 위험한 계곡의 '악곡', 토사재해의 '뱀'

실제로 주변을 걸어보자.

가능하면 비오는 날이 좋다.

1. 조성지는 얼마나 위험할까?

산의 경사면을 깎고

골짜기를 메우고 집을 지었다.

지진이 일어나면서

골짜기였던 곳을 메운 흙이 집집마다 무너졌다.

재해는 과거의 지형이 영향을 미친다

동일본 대지진 때는 조성지(造成地)에서 주택의 지반 침하와 융기가 많이 발생했다. 주택이 크게 기울어지고 기초와 벽이 부서졌다. 현재의 땅이 옛날에는 어떤 곳이었는지 알아보자.

바다와 강, 늪, 계곡이었던 곳은 주의해야 한다. 옛날 지도를 확인해 보거나 오랫동안 거주한 사람에게 물어보면 좋을 것이다.

옛날 지도에서 과거에는 어떤 지형이었는지 확인해보자.

'내진화의 지연'은 사람도 거리도 위험에 노출된다

집의 내진화는 가족의 생명을 지키는 가장 중요한 사항이다

현재도 약 20%의 집이 내진 기준 이하의 '기존 부적격 주택'이다. 내진 개수비용은 평균 1,000~1,500만 원 정도이다. 대부분의 지자체가 보조금을 지급하고 있기 때문에 본인 부담은 이보다 훨씬 적다.

(※ 예: 요코하마시 보조금 상한 2,200만 원)

보조금은 행정지역, 수입, 조건에 따라 달라진다. 자세한 사항은 거주지의 시, 군, 읍사무소에 문의할 수 있다. 그리고 업체와의 계약은 보조금을 확인한 후에 하자.

내진화를 해준다면 시에서도 보조금을 내겠습니다.

한신·아와지 대지진의 희생자 대부분은 집의 붕괴에 의한 압사나 갇혀서 타죽은 경우다.

여기~

무너진 집은 길을 막고

거기에 불길까지 타오르면

무사하던 집에도 불이 옮겨 붙는다.

내진화가 늦춰지면 인명을 빼앗고

잿더미를 만든다.

도시를 모두 태우고 대피생활을 장기화시키며, 복구를 지연시킨다.

※2019년 2월 현재

1 주변을 잘 살펴두자

아이와 함께 주변을 잘 관찰하면서 산책하자.

친구들과 노는 공원

골목, 담장

낭떠러지, 저수지, 강 등 위험한 곳이 많다.

아이와 어른의 시선은 다르다

아이가 초등학생 때 하교 시간에 보호자가 교대로 학교 주위를 순찰한 적이 있었다. 그때 익숙한 풍경 속에 위험한 장소가 많이 숨어 있다는 것을 알게 되었다.

떨어질 위험이 있는 낭떠러지나 늪, 연못, 보도 육교 아래의 어두운 공간, 무너질 위험이 있는 담장, 넘어질것 같은 동상이나 석조기념물, 사각지대가 많은 공원 등. 아이들은 위험한 곳을 매우 좋아한다. '놀고 있을 때 지진이 발생한다면?'이라고 상상하면서 아이와 함께 산책해 보자.

이상한 사람이 있는지, 사각지대가 있는지 점검

비상시 가족의 집합 장소를 정해놓자

'집합 장소'는 가족 모두가 아는 곳으로 정한다

'집합 장소'를 정할 때는 지진 당일 예상되는 재해나 교통 상황도 고려한다. 가족 모두가 바로 알 수 있고, 대피 경로가 안전한 곳으로 정해야 한다. 경로를 결정했다면 가족 모두 실제로 걸어보자. 집합 장소를 '다니던 초등학교'로 정하고 실제로 가보니 폐교가 된 경우도 있었다.

가족 집합 장소를 결정했습니까?

모두가 아는 장소로 할 것.

다니던 초등학교

여러 가지 상황을 예상하고 몇 군데를 정한다.

1. 집   2. 학교

지진이 발생하면 위험할 것 같은 장소는 피하고 대피 경로를 선정해 둘 것!

제1장 재해에 대비하기

1 이웃에 말하는 것을 잊지 않는다

이웃에 혼자 사는 할머니.

안녕하세요.

만일의 경우에 잊어버리지 않도록 '말하기' 담당을 정해놓자.

OK

이웃 중에 어려움을 겪는 사람이 있다면 말을 걸어보자.

말을 걸어줘서 정말 기뻤어요.

장애가 있는 사람에 대한 배려도 잊지 말자.

비상시야말로 서로 돕는다

만일의 경우에 자신과 가족이 무사하다는 것을 확인했다면 주변의 이웃이나 어려움을 겪는 사람들을 둘러보도록 하자. 건강한 사람이 간단하게 할 수 있는 일도 장애인이나 고령자에게는 어려운 일이 많다. 또한, 어린 아이가 있는 어머니에게도 말을 걸어보자. 인간관계가 희박한 현대에는 배려를 형상화하는 것이 중요하다.

어린 아이가 있는 엄마에게도 도움이 필요하다.

집 주변의 급수 시설을 확인하자

인근에 '응급 급수 거점'은 반드시 있다

수도국은 재해가 발생했을 때 대피주민이 모이는 피난장소 등에 긴급 급수하기 위해 배수지나 재해용 지하급수 탱크 등을 응급 급수 거점으로 정비하고 있다. 만일의 경우에 어디에 가면 물을 받을 수 있는지를 알아 두는 것은 중요하다. 피난장소와 함께 가까운 응급 급수 거점을 확인해 두자. 거주지의 자치단체 홈페이지 등에서 확인할 수 있다.

행정구역에서 관리하는 '방재 우물'은 식수로 사용할 수 있는 깊은 우물과 생활용수 한정의 얕은 우물 두 종류가 있다.

물을 길어 올리기 위한 발전기

대피 장소로 지정된 공원이나 학교에는 방재지도에는 이 마크로 표시 유사시 급수가 가능하다.

'비상용 음료수 저수조'가 준비되어 있는 경우도 있다.

이중 비닐봉지와 골판지, 여행용 트렁크로 물을 운반할 수 있다.

'급수 거점'은 지자체에 따라 부르는 이름이 다르므로 주의하자.

제1장 재해에 대비하기

1 재해 시 공동우물을 확인하자

화장실과 세탁 등의 생활용수에 유용

민간 우물을 이용하는 '재해 시 협력 우물'은 주로 깊이 약 9m 전후의 수동 펌프가 달린 얕은 우물인 경우가 많다. 이 우물의 소유자가 지자체와 협력을 맺고, 화재 시에 생활용수를 제공한다. 이 '협력 우물'에서 얻은 물은 음용으로는 사용할 수 없다. 지자체 홈페이지 등에서 '재해 시 협력 우물 모집·공개'에 대한 정보를 공개하고 있다. 근처에 협력 우물이 있는지 확인해 두자.

민간 우물을 이용해서

비상시 생활용수를 제공받고 있다.

만일의 경우에는 협력 하겠습니다.

간판이 표시이다.

지자체에 따라 디자인도 다양하다.

재해 시 협력 우물 ○○시

시·군에서 부담하여 수질검사도 실시한다.

세탁에 이용

귀가 지원 센터를 이용하자

일상적인 장소가 귀가 지원 센터일 수도 있다

귀가 지원 센터는 주요 대도시권에 있는 수도권 도보 귀가자를 위한 지원 중 하나이다. 귀가 지원 센터에서는 수돗물, 화장실, 재해 정보를 제공한다. 편의점, 패밀리 레스토랑, 패스트 푸드점 등의 일상적인 장소가 재해 시에는 귀가 지원 센터가 된다. 각 점포의 입구 등에 스티커로 표시해두므로 잘 찾아보자. 또한, 공립학교 등도 귀가 지원 센터가 된다.

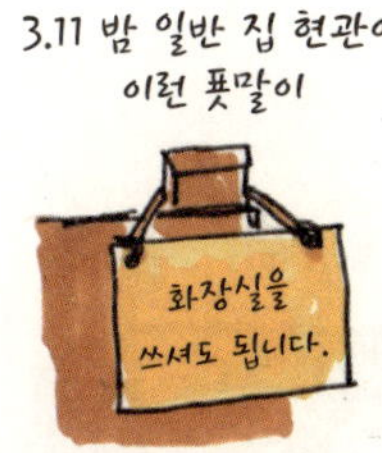

동일본 대지진 때 수도권에서는 교통기관이 다 멈추고

도로는 귀가길 발이 묶인 사람들로 넘쳐났다.

귀가 중에 힘든 것이 바로 화장실과 갈증.

귀가 지원 센터에서는

화장실도 쓸 수 있고 물도 마실 수 있다.

재해 정보도 알려준다.

입구에 붙어 있는

이 스티커가 표시이다.

재해 시에는, 도보로 귀가하는 여러분을 지원합니다
재해 시 　 귀가 지원 센터

3.11 밤 일반 집 현관에 이런 푯말이

화장실을 쓰셔도 됩니다.

제1장 재해에 대비하기

1 대피소 종류에 따라 역할이 다르다

임시대피소, 광역대피소는 공원처럼 열린 장소.

공원 등의 넓은 장소

수용대피소는 통상 초등학교나 마을회관.

우리집 대피소는 '현관'이다.

탈출용으로 문을 열어 두는 것을 잊지 말자.

문이 안 열려!

가야 할 대피소를 외워 둔다

임시대피소는 일시적으로 대피할 수 있는 광장, 공원, 공터 등이다. 광역대피소는 대규모의 광장(오픈 스페이스)이 있는 곳, 즉 큰 공원이나 단지, 대학 등이 지정되어 있는 경우가 많다.

수용대피소는 숙박, 식사 등의 생활 기능을 제공하는 곳이다. 또한, 고령자, 장애인, 임산부 등 배려가 필요한 사람을 위한 복지 대피소도 있다(p.217 참조). 자신의 집에서 대피소까지의 지도를 만들고 가족과 확인해 둔다.

참고로 집 안에서 대피할 경우 비교적 안전한 장소는 '현관'이라고 한다.

복지대피소

대피소에는 정원(定員)이 있다

꼭 필요한 사람을 우선으로 한다

'수용대피소'에는 대피소를 이용할 수밖에 없는 사람이 우선으로 들어간다. 집이 부서졌거나, 부서질 위험이 있는 집, 귀가할 곳이 없어져서 살 곳이 없는 사람 등이다. 대피소에는 담요, 식량(건빵이나 크래커) 등이 비축되어 있다.

그러나 대피소의 식량 배급은 대피 온 사람을 대상으로 한다. 집에서 재해를 대비하던 사람이 대피소에 식량만 받기 위해 가도 배급하지 않을 수 있으므로 잘 알아두자.

수용대피소에는 주민 모두가 대피할 수 없다.

한신·아와지 대지진으로 가장 많이 수용한 때에도 전체 주민의 16%였다.

도서지역을 포함한 도쿄도의 수용 정원은 도민의 약 23%이다.

7일 간은 자택에서 대비하며 자력으로 생활할 수 있도록 대비해 두자.

제1장 재해에 대비하기 047

1. 나만의 '대피 지도'를 만들자

해저드 맵에 집을 그려 넣어 보자.
대피지도의 기초가 된다.
3m 침수!?

침수 피해 예상을 제대로 이미지하기.

홍수 때는 사용할 수 없는 대피소가 있다.
항상 이용하던 주민회관을 수해 때는 못 쓰게 됐어.

대피 장소는 재해에 따라 다르다.
뒷산이 걱정이구만.
난 해일이 무서워~

만일의 경우에 바로 판단할 수 있는 중요한 도구

살고 있는 지역의 위험성을 가족, 이웃과 서로 이야기하고 확인하자. 대피 장소는 재해의 종류에 따라 달라진다. 대피를 할 때는 이웃에게 말을 건네는 것을 잊지 않도록 한다. 그러나 기본은 '자신의 몸을 스스로 지키는 것'이다. 그러기 위해 나만의 대피 지도를 만들어 두면 안심이다. 이 책의 부록을 활용해 보자.

긴급 시에는 자신의 판단에 따라 대피하고, 이 사항은 가족 모두 알아 두자. 재해는 '남의 일'이 아니고 '나의 일'이다.

지진 때는 주민회관
수해 때는 ○○ 초등학교
옆집 할머니에게 전달하기

공중전화가 있는 장소를 알아두자 1

공중전화는 정전 시에도 쓸 수 있고 재해 시에는 무료 이용 가능!

한신・아와지 대지진 때, 공중전화에 100원짜리 동전이 가득 차서 사용할 수 없게 되었다. 그 경험으로부터 재해 시 피해 지역의 공중전화는 모두 무료로 사용할 수 있게 되었다. 디지털 공중전화는 그대로, 아날로그 공중전화는 동전 또는 전화카드를 넣고 통화하고, 통화 종료 후에 동전이나 전화카드가 그대로 반환되는 구조이다. 만일의 경우를 위해 공중전화의 위치를 확인하고 사용법도 확인해 두자.

공중전화를 사용할 때는 수화기를 들고 동전이나 전화카드를 넣고 다이얼을 돌린다.

아이에게도 알려주자.

'119', '112'의 긴급통화는 무료로 통화할 수 있다.

액정이 꺼져 있어도 사용할 수 있다. 전화카드는 사용할 수 없다.

정전 시에도 동전이 있으면 평소처럼 사용할 수 있다.

중요한 공중전화가 좀처럼 보이지 않네.

대규모 재해 시엔 공중전화는 무료이다.

무사해!

홋카이도 이부리동부 지진 때도 홋카이도 전역에서 무료였다.

있으면 안심되는 방재용품과 보험

만일의 경우에 활약하는 수동식 충전기 1

휴대폰 충전이 가능한지가 중요하다

손으로 돌리는 충전기는 배터리 없이 사용할 수 있는 수동식 충전기이다. 평균적으로 조명, AM·FM 라디오 기능이 들어 있고 휴대폰 충전이 가능한 것이 많다.

여러 종류가 있으므로 사용하기 쉬운 것을 비교·검토해 보자. 단, 휴대폰 충전을 수동식 충전기로 하면 상당히 중노동이며 시간도 많이 걸린다.

요즘은 다양한 제품이 나오고 있다. 자신의 휴대폰에도 충전이 가능한지 체크해 보자.

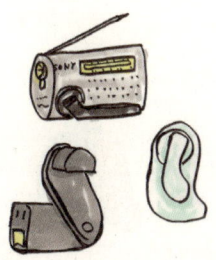

수동식 충전기는

배터리를 필요로 하지 않아서 비상시에 도움이 된다.

충전할 때는 의외로 힘들지만

절절~

휴대폰을 충전할 수 있어서 편리하다.

장시간 사용하지 않으면 충전배터리의 수명이 짧아진다.

연 2회 정도 충전을 한다.

제1장 재해에 대비하기

1 아이에게 편리한 낚시 조끼

낚시용 조끼는 주머니가 많다.

아이용으로 하나 장만하면 어떨까?

주머니에는 긴급연락 카드, 목장갑, 생수, 반다나, 마스크, 물티슈 등

방수 가공이라서 신경 쓸 필요가 없다.

양손이 자유로워서 아이와 손도 잡을 수 있다.

배낭도 맬 수 있다.

조끼 주머니에 연락처를 넣어 둔다

피해 지역, 대피소 등의 공통점은 비일상적인 공간이라는 것이다. 우선, 귀중품은 반드시 몸에 지녀야 한다. 둘째, 양손을 사용할 수 있도록 비워 둬야 한다. 그런 점에서 낚시 조끼는 가방 한 개분의 짐을 주머니에 넣을 수 있도록 되어 있어 일석이조다.

아이를 위한 낚시 조끼 주머니에 긴급연락처, 장갑, 스카프, 작은 페트병 물, 밸런스 영양식품, 물티슈, 호루라기, 동전 등을 미리 넣어두면 좋다.

저도 사용하고 있어요.

평소에 미리 **차에 실어 두는** '방재용품' 1

외출지에서 재해를 당할 경우도 예상해 둔다

차로 외출한 곳에서 지진이 일어났다면?
또는 부서진 집에서 부상자를 구해야 된다면?
경보에 따라 대피소로 가게 된다면?
집에 돌아갈 수 없게 되어 노숙하게 된다면?
만일을 대비해 캠핑 용품 세트를 차에 넣어 두고, 방재용품도 쌓아놓자.

잭, 로프, 쇠지레
- 잭
- 로프
- 쇠지레

돗자리, 담요 또는 침낭, 우산

물과 간식은
- 휴대 화장실
- 사탕
- 쿠키
- 물

정체 시 비상용으로도 요긴하다.

해저드 맵
손전등

커다란 비옷
옷 갈아입기나 몰래 화장실 용도로도 활용

제1장 재해에 대비하기

1 보이면 바로 구매하는 '1,000원 샵' 방재용품

평소부터 체크하고 부지런히 모은다

솔라식 라이트 — 키홀더형, 랜턴형, 삽입형

헤드라이트 전지도 잊지 말고 구매! — 밖에서도 실내에서도

큰 블루시트 — 응급처치 용도, 짐을 씌울 때

타월류 — 고급품에는 없는 흐늘거리는 소재로 세탁이나 건조가 빠르다.

'1,000원 샵'은 상점의 종류, 규모, 지점, 경향에 따라 구색이 다르다. 상품도 나날이 발전하고 유사시에는 순식간에 완판되어 바로 입고되지도 않는다. 물건에 따라서는 1,000원 이상인 것도 있지만 그래도 저렴하다.

효율적으로 방재용품을 모아보자. ==건전지가 들어 있는 제품은 장기간 보관이나 습기로 인해 녹이 쓸거나 누출이 일어날 수 있으므로 가끔씩 점검하자.==

자갈을 감싼다.

다양한 종류의 내진 셸터

내진 셸터에서 안심하고 자며 몸과 마음의 휴식을

내진 셸터는 지진으로 주택이 붕괴해도 침실과 수면 공간 등의 일정한 공간을 확보하여 생명을 지켜주는 장치이다.
집을 대대적으로 내진 개수할 수 없는 경우에는 이 내진 셸터를 준비하는 방법도 있다. 기존 주택 안에 설치할 수 있기 때문에 공사나 내진개수공사에 비해 짧은 기간에 설치가 가능한 것이 특징이다.

내진 셸터는 방 안에 설치한다.

튼튼한 상자 같은 것이다.

250만~

방재용 튼튼한 침대도 있다.

210만~

테이블 강도를 높이는

강도가 4배로

전용 보강 기둥도 판매하고 있다.

15만~

핵 셸터는 최후의 수단이다.

1억 2,000천~

지자체에 따라서는 보조금이 나오는 경우도 있습니다.

1 지진보험에 대해 알아두자

'지진보험'은 '화재보험'과 세트로 가입한다.

옵션입니다~

그러나 수령 보험금은 화재보험의 절반 이하.

화재 2억 원

지진 1억 원

지진으로 화재가 발생하더라도

지진에 의한 화재

화재보험만 가입한 경우에는 보험금이 나오지 않는다.

또한 가옥이 전파되었느냐 반파되었느냐에 따라 보상 금액이 달라진다.

절반 붕괴된 2주일 후 완전 붕괴되는 경우도……

와르르

지진보험과 화재보험을 혼동하지 않도록

동일본 대지진 이후 '지진보험'에 대한 관심이 높아지고 있다. 지진보험은 화재보험에서는 보상되지 않는 지진, 분화, 해일을 원인으로 하는 손해에 대해 보상해 준다. <mark>단, 보상이 나오는 조건을 제대로 확인하는 것이 중요하다.</mark>

어떤 화재보험 가입자는 지진 발생 후 반나절이 지난 저녁에 화재가 발생해서 이를 원인으로 보험금을 받으려고 했는데 지진보험이 가입되어 있지 않았다는 이유로 거절당했다. 충분히 이해될 때까지 보험회사에 문의해 두자.

자세한 것은 보험설계사에게 상담하세요!

제 2 장

재해 발생!
무엇을 해야 할까?

지진이 일어나면
즉시 행동한다

지진 발생! 탈출구를 확보하자 ❷

뒤틀린 건물과 넘어진 가구에 갇히지 않도록 주의!

지진으로 집이 뒤틀려서 집 안의 문과 현관문이 열리지 않을 수 있다. 특히 아파트 등의 공동주택에 사는 경우에는 출입구가 많지 않기 때문에 대피경로의 확보가 가장 중요하다. 한 친구는 화장실에 있을 때 지진이 나서 화장실 문 앞에 있는 가구가 쓰러지는 바람에 화장실에 갇힌 적이 있었다. 다행히 탈출했지만 무려 3시간이나 걸렸다고 한다. 평소 현관 주변을 정리정돈하고 대피에 방해가 되는 것은 없는지 체크해 두자.

문 앞에 있는 가구도 체크하자.

지진의 흔들림이 가라앉으면 불 단속!

가스 밸브를 잠그고

현관 등의 문을 열어 대피경로를 확보한다.

건물의 뒤틀림으로 인해 문이 열리지 않을 수도 있기 때문이다.

2 머리를 보호하는 요령은 손목이 포인트

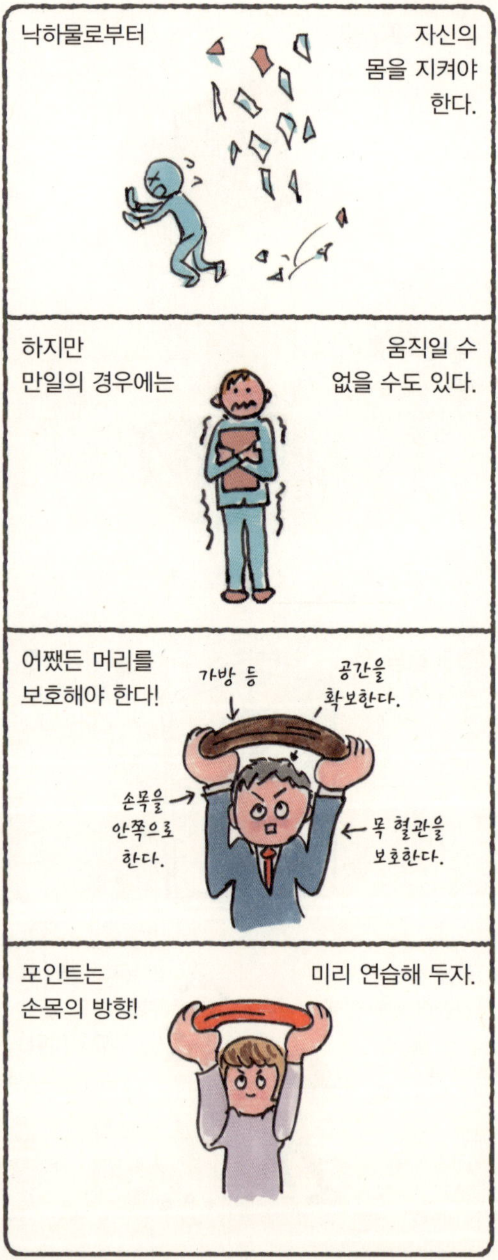

낙하물로부터 자신의 몸을 지켜야 한다.

하지만 만일의 경우에는 움직일 수 없을 수도 있다.

어쨌든 머리를 보호해야 한다!
가방 등
공간을 확보한다.
손목을 안쪽으로 한다.
목 혈관을 보호한다.

포인트는 손목의 방향!
미리 연습해 두자.

수중이나 근처에 있는 것으로 머리를 보호한다

지진이 일어나면 책상 밑으로 들어가서 머리를 보호한다. 어릴 때부터 대피훈련 연습을 했지만 실제로 지진이 일어났을 때 주위에 책상이 없는 경우도 많다. 외출했을 때 지진이 발생하면 안전한 장소로 이동해 주위의 물건을 사용해 머리를 보호하도록 하자.

머리를 보호하는 도구와 머리 사이에 공간을 만들고 손목을 안쪽으로 하여 낙하물로부터 몸을 보호할 수 있다.

머리를 보호하는 방재두건

바로 뛰어나가야 하는 경우도 있다 — 2

오래된 목조 가옥은 압사할 위험이 있다

한신·아와지 대지진 때는 많은 건물이 절반 가량 붕괴되었다. 6,434명의 사망자 중 대다수가 압사한 것으로 알려졌으며 목조주택에 깔려 사망했다고 한다.

1981년 이전에 지어진 오래된 목조 가옥 안에 있을 때 평소와 다른 큰 진동이 느껴진다면 즉시 밖으로 대피하자.

때와 경우에 따라 다르다.

지금 자신이 어디에 있는지 판단한다!

제2장 재해 발생! 무엇을 해야 할까?

2. 발밑의 안전을 확보하자

지진이 발생하면 식기가 밖으로 튀어나오고

유리창이 깨지고

발밑은 위험한 상태가 되지만

정전이라 청소기는 사용할 수 없다.

이런 경우를 대비해 두꺼운 슬리퍼를 준비해 두면 편리하다.

대피 시 부상 방지하기

지진은 한밤중에도 발생한다. 어둠 속에 물건이 어질러진 실내에서 발을 다친 친구가 있었다. 평소라면 대수롭지 않은 상처일지도 모른다.
하지만 재해 시에는 물도 없고, 병원에도 갈 수 없고, 뛸 수도 없다. 밤이 되면 발은 더 욱신거린다. 이후의 대피 생활에도 큰 영향을 줄 것이다.

창문이나 유리문 등에는 파편 날림 방지 필름을 붙인다.

건물 잔해물 속에 갇혔다면 ❷

자신의 존재를 알리는 것이 가장 중요하다

주위의 건물 잔해물을 함부로 움직이지 않도록 주의해야 한다. 함부로 움직였다가 지탱할 게 없어져서 더 무너져 버릴 위험성이 있다. 갇혔다면 우선 자신의 거처를 주변에 알리기 위해 배관 등을 두드리자! 크게 소리치면 체력을 소모해 버리기 때문에 그것은 최후의 수단으로 삼는 것이 좋다. 건물 잔해물의 좁은 틈새를 통과할 때는 겉옷과 장식품을 제거하여 탈출 도중에 그것들이 걸리지 않도록 하자.

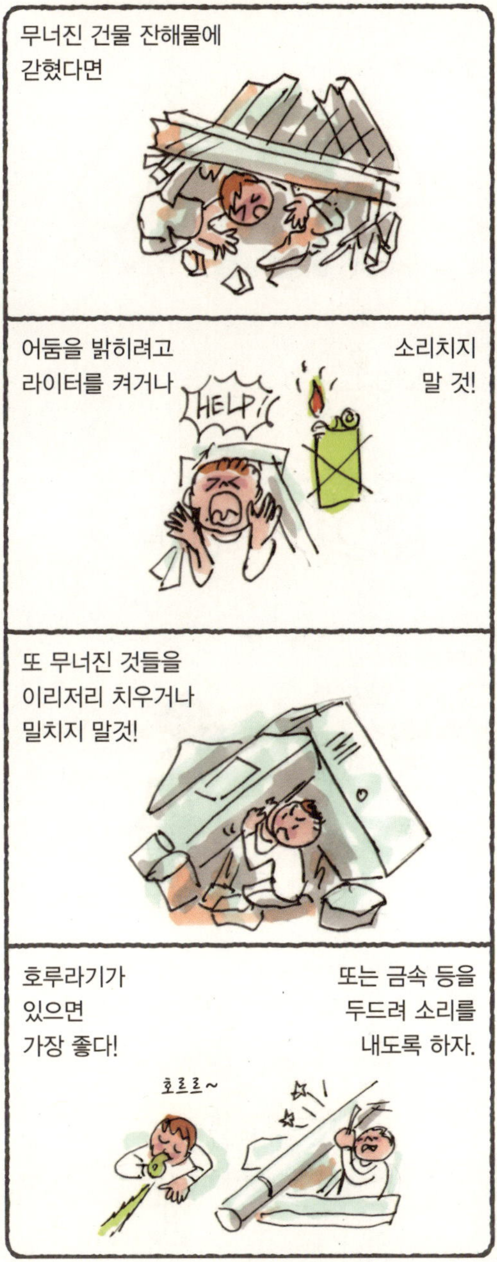

무너진 건물 잔해물에 갇혔다면

어둠을 밝히려고 라이터를 켜거나

소리치지 말 것!

또 무너진 것들을 이리저리 치우거나 밀치지 말것!

호루라기가 있으면 가장 좋다!

또는 금속 등을 두드려 소리를 내도록 하자.

호르르~

구조 활동 중의 정적의 시간

조용~

2 차단기를 내리고 대피하자

지진이
일어나면

집 안은
어수선해진다.

대피할 때
반드시 차단기와
가스 밸브를
잠그도록 하자.

전기가 복구되었을 때   화재가 많이
어질러진 가전제품이나   일어난다고 한다.
누전이 원인이 되어

켜놓은 전기제품이 화재의 원인이 되기도 한다

==평소 플러그를 계속 꽂아 두는 가전제품이 많지 않은가?== 대피할 때는 반드시 전기 차단기의 주전원을 끄자.
다리미, 전기스토브 등 전기제품은 사용 중이 아니더라도 지진에 의해 끊어진 코드나 콘센트가 먼지로 인해 합선이 되어 발화하기도 한다.
대피 후 집에 돌아왔을 때는 전기제품의 전원이 꺼져 있는지 반드시 확인한 뒤에 차단기를 켜도록 하자.

차단기를
전부 꺼 놓기

블록 담장에는 접근하지 말 것 ◀ 2

오래된 블록 담장은 특히 위험하다

안타깝게도 과거 지진에서 담장에 깔려 사망한 경우가 있었다. 아이들의 통학로나 평소 노는 장소에 위험한 것이 없는지 부모 입장에서 확인해 두자.
신사(神社)의 기둥문이나 석등, 자동판매기 등 가까운 곳에도 위험이 가득하다. 또한, 위험한 장소를 알았다면 빨리 아이에게도 이야기하고 주의하도록 일러 둔다.

아이들에게도 전달해 두기

과거 지진 때는 담장이 무너져

사람이 깔리는 피해가 있었다.

지진의 흔들림을 느끼면

피할 곳이 없는 골목길은 가까이 하지 말 것!

자동판매기나 석등도 주의하자.

제2장 재해 발생! 무엇을 해야 할까?

2 상황별 지진 대책 – 영화관이나 극장에서

즐겁게 영화를 보고 있을 때

천장에서 떨어지는 물건과 비상상황에 주의한다

가방 등으로 머리를 보호하고 좌석 사이에 몸을 숨기고 흔들림이 멈출 때까지 기다리자. 정전이 되어도 유도등이나 비상등이 붙어 있으니 당황하지 말고 담당 직원의 지시에 따르도록 한다.

또한, 서로 먼저 나가려고 출구나 계단으로 몰려 가지 않도록 한다. 평소에 비상구를 확인해 놓는 습관을 들이면 안심할 수 있다.

지진 발생!

의자와 의자 사이에 몸을 숙이고   머리를 보호한다.

직원의 유도에 따라 대피하자.

만일의 하나 천장이 떨어져도 안심!

상황별 지진 대책 – 노래방 등에서 2

폐쇄된 공간에서는 최악의 상황을 가정한다

노래방이나 술집 등 폐쇄된 공간에서 지진이 일어날 때는 우선 문을 열어 놓는다. 머리 위를 주의하면서 실내에서 대기하고 기본적으로 직원의 지시에 따라 대피한다. 그러나 지진으로 화재가 발생하면 매우 위험하다. 과거에는 제대로 된 대피유도가 없어서 연기에 질식해 죽은 사람도 있었다. 자신이 방문한 가게에 제대로 대피를 유도할 수 있는 직원이 있다고 장담할 수 없다. 상황을 잘 보고 화재가 일어나도 당황하지 않고 스스로 판단하여 신속하게 대피하자. 가게에 들어갈 때 비상구를 확인하는 습관을 들이면 더 안심할 수 있다.

노래방이나 바, 술집, 만화카페 등

지진이 일어나면

폐쇄된 시설에 있을 때

머리를 보호하고 상황을 살피자.

탈출로를 확보하고

스스로 판단하여 신속히 대피하자.

지진으로 인한 화재가 가장 무섭기 때문에

2 상황별 지진 대책 - 해안가에서

지진 = 해일! 즉시 해안에서 멀리 떨어져야 한다!

즉시 높은 지대로 대피하자.

해일은 반복해서 밀려온다. 마음대로 판단하지 말고

경보가 해제될 때까지 주의하자.

아무리 높고 튼튼한 제방이 있어도 결코 방심해서는 안 된다

예부터 해일에 시달렸던 산리쿠 지역에서는 '지진이 일어나면 가장 높은 곳으로 각자 도망쳐라'라는 말이 전해 내려오고 있다. 이와테 현 가마이 시의 학교에서는 재해 발생 시 '1초라도 빨리 각자 판단해서 가장 높은 곳으로 도망쳐라!'라는 방재훈련을 평소에 한 덕분에 동일본 대지진 당시 학생들의 생명을 보호할 수 있었다.
다른 사람보다 먼저 도망가면 그 모습을 보고 다들 도망가게 되고, 결과적으로 대피한 사람들의 생명도 보호할 수 있다. 1초가 생사를 가르는 해일 재해 시에는 '솔선대피자'가 중요하다.

장소에 따라서는 고층빌딩으로 대피

상황별 지진 대책 – 산에서 2

낙석이나 미끄러져 떨어지는 것을 주의한다

산은 지형에 따라 위험도가 상당히 다르다. 습지가 있으면 산사태로 인한 진흙과 돌이 섞여 흘러내리거나 낙석을 피해서 능선을 따라 오르는 것이 안전하다. 위험한 등산로는 미끄러져 떨어지지 않도록 웅크리거나 큰 바위나 나무에 붙어서 낙석에 주의하자. 지진(흔들림)이 진정되면 길을 잃지 않도록 지도를 재확인하고 안전한 길로 하산하자.

산에서 지진이 났을 때는

벽 쪽에서 멀리 떨어져

평평하고 안전한 장소로 대피한다.

이와테·미야기 내륙 지진 때는

산 전체가 크게 무너졌다.

안전한 루트로 하산하자.

2 상황별 지진 대책 - 회사에서

흉기로 변하는 바퀴 달린 중량기기에 주의하자!

회사는 비교적 튼튼한 건물 안에 있으므로 침착하게 행동하자. 유리가 파손될 위험이 있으므로 창문에서 멀리 떨어지도록 하자.

서류 선반이나 사물함, 바퀴가 달린 복사기 등도 주의한다. 지진이 멈추면 사무실 내의 안전을 확인하고 화재가 없는지 확인한다. 그 다음에 대피하자.

회사에 있을 때 지진이 일어나면

창문과 거리를 둔다.
빠직~

우선 머리를 보호한다.

움직이는 사무기기를 조심하고

엘리베이터는 이용하지 말고 계단을 이용하여 대피하자.

지진이 일어난 밤에 안전모를 쓰고 귀가하는 회사원

상황별 지진 대책 - 지하도에서 ◆ 2

지하도는 당황하지 않으면 의외로 안전하다

지하도는 튼튼하게 만들어져 있다. 당황하지 말고 큰 기둥이나 벽에 몸을 붙이고 상황을 살핀다. 가장 무서운 것은 화재와 패닉이다. 화재가 발생하면 침착하게 주위 사람들과 협력하여 불을 끈다. 대피할 때는 몸을 숙이고 손수건으로 입을 막고 벽을 따라 대피하자. 지하도에는 60m마다 비상구가 설치되어 있다. 침착하게 비어 있는 출구를 찾아보자. 또한, 비상구에 도착해도 갑자기 옥외로 나가지 말고 반드시 주위의 상황을 확인하고 나서 밖으로 나가도록 하자.

쇼윈도 가까운 곳은 피할 것!

정전이 되어도 조금 있으면 비상등이 켜진다.

당황하지 말고 상황을 살피자.

한쪽 비상구로 몰리면 매우 위험하므로

담당자의 지시에 따르자.

제2장 재해 발생! 무엇을 해야 할까?

2 상황별 지진 대책 - 전철에서

당황하지 말고 안내 방송에 귀를 기울인다

큰 지진이 일어나면 전철은 정지한다.

전철에서는 비상등이 켜지므로

당황하지 말고 마음대로 내리거나 하지 않도록

담당자의 지시에 따른다.

선로 위에서는 고압전선에 감전되거나

전철에 치이게 될 우려도 있기 때문이다.

전철은 강한 흔들림을 감지하면 긴급 정차한다. 좌석에 앉은 경우에는 낮은 자세를 취하고 머리를 가방 등으로 보호한다. 서 있을 때는 난간이나 손잡이를 꼭 잡고 넘어지지 않도록 한다.

정차 후에는 기본적으로 승무원의 지시에 따르자. 하지만 과거 홋카이도 터널 탈선 사고 때는 승무원이 매뉴얼에 너무 집착한 나머지 연기가 발생했는데도 화재 발생을 예상하지 못해 승객의 안전이 위태로워진 적도 있었다. 때와 경우에 따라서는 스스로 판단하여 서로 도우며 행동하자.

차량마다 초기 진화를 위한 소화기가 설치되어 있다.

상황별 지진 대책 – 지하철에서 2

장소에 따라서는 물이 흘러들어올 위험도 있다

지하에서 운행되기 때문에 불안감이 더 큰 지하철. 지하철이 비상 정지했을 때는 마음대로 선로에 나오지 말고 승무원의 안내를 기다리자. <mark>지하철 출입문은 비상용 도어 코크로 열리는데, 고압전선에 접촉, 감전을 초래할 수 있다.</mark>

또한, '해발 제로 미터 지대'와 '해안 지역' 등은 해일이나 하천 물이 흘러들 위험성이 있다. 해일이 올 때까지, 또 터널을 통해 침수될 때까지는 어느 정도 시간이 걸린다. 당황하지 말고 침착하게 행동하면 피난할 수 있다.

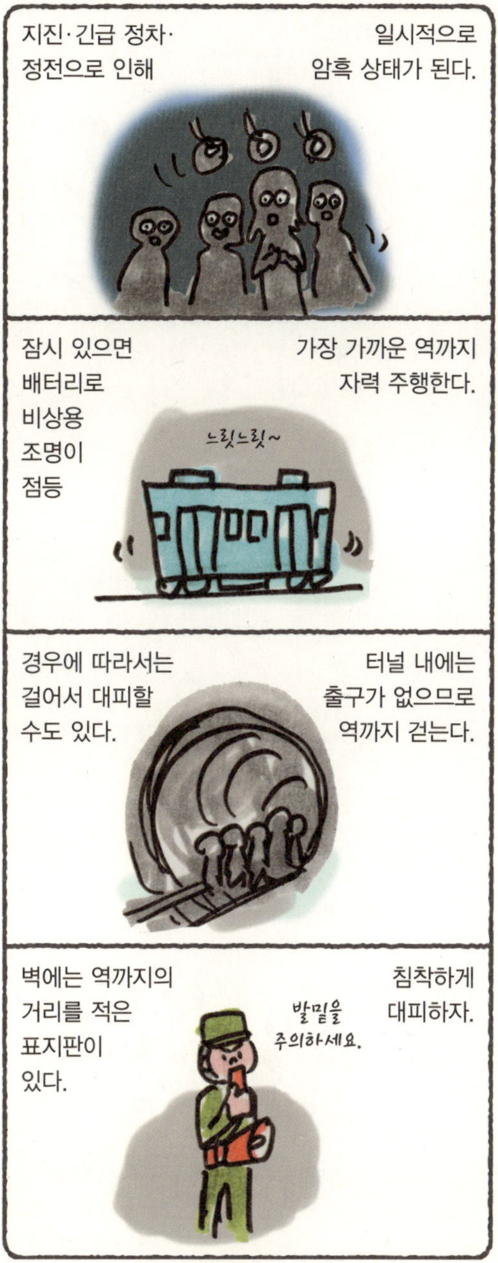

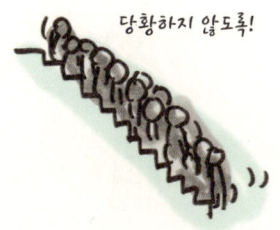
당황하지 않도록!

지진·긴급 정차·정전으로 인해	일시적으로 암흑 상태가 된다.
잠시 있으면 배터리로 비상용 조명이 점등	가장 가까운 역까지 자력 주행한다.
경우에 따라서는 걸어서 대피할 수도 있다.	터널 내에는 출구가 없으므로 역까지 걷는다.
벽에는 역까지의 거리를 적은 표지판이 있다. 발밑을 주의하세요.	침착하게 대피하자.

2. 상황별 지진 대책 – 역 승강장에서

낙하물에 주의하고 침착하게 행동한다

역 승강장에서는

위에서 떨어지는 낙하물에 주의한다.

지하철이 정지해 있다면 지하철 안으로 대피하자.

역무원의 유도에 따라 대피한다.

역 승강장은 자동판매기, 시간표시판, 모니터용 TV 등 지진 발생 시 위험요소가 많이 있다. 승강장에서 기차를 기다리고 있을 때 지진이 일어나면 먼저 머리를 가방 등으로 보호하고 안전한 기둥 뒤로 대피하자. 혼잡한 시간대로 승강장에 사람이 넘쳐난다면 머리를 가리고 승강장에 웅크리고 앉아 넘어지지 않도록 하자. ==혼란으로 인해 도미노처럼 우르르 한데 넘어지는 전도 사고가 가장 위험==하다.

손잡이, 난간을 단단히 잡는다.

상황별 지진 대책 - 사무실 밀집 지역에서 2

낙하물과 차량에 주의한다

지진이 일어난 사무실 밀집 지역에서 간판과 유리창이 하늘에서 떨어지는 가운데, 사람들이 도망치는 영상을 TV에서 본 적이 있을지 모르겠다. 유리는 콘크리트에 떨어지면 산산조각이 나서 그 파편이 사방으로 튀어 나간다.
또한, 보도가 위험할 것 같아 차도의 중앙으로 대피해도 달려온 자동차가 멈추지 않으면 되려 큰 사고가 일어나게 된다. 머리 위뿐만 아니라 달리는 차량에도 주의해야 한다.

간판이나

외벽, 타일, 창문 유리가 떨어질 수도 있으므로 주의하자.

튼튼한 건물 안으로 대피하자.

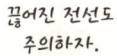
끊어진 전선도 주의하자.

차도를 달리고 있는 자동차도 조심하자.

개의치 않고 달리는 차

2 상황별 지진 대책 – 욕실에서

'알몸'이 가장 위험하다

목욕 중에 지진이 일어나면

욕실은 벽에 둘러싸여 있고 천장에서의 낙하물이 없는 만큼 비교적 안전하다.

흔들림이 가라앉은 후

옷을 입고 대피한다.

'알몸'이 가장 위험하다.

물론 목욕물은 흘려 보내지 않도록 한다.

지진은 때와 장소를 가리지 않는다. 목욕 중에 지진이 발생했다면, 우선 탈출구를 확보하자. 욕실은 기둥과 벽으로 둘러싸여 있기 때문에 비교적 안전하다. 흔들림이 심한 경우에는 욕조를 붙잡고 상황을 살피자. 또한, 거울이나 유리의 파손에 의한 부상에 주의해야 한다. 알몸으로 넘어지면 매우 위험하므로 흔들림이 가라앉은 후에 옷을 입자.

문을 열어두는 것을 잊지 말자.

상황별 지진 대책 - 운전 중에 2

급브레이크는 사고의 원인!

우선 비상등을 켜고 앞뒤 차량에 주의하면서 서서히 속도를 줄이며 갓길에 정차한다. 주변을 보고 가능하다면 옆길로 빠져 가까운 주차장이나 광장에 차를 주차하자.
라디오에서 지진의 규모와 피해 상황을 듣고 주변 상황을 확인한다. 통행금지구역이나 긴급 교통로에 어쩔 수 없이 주차할 경우에는 키를 꽂아둔다. 귀중품은 가지고 가도록 하자.

차에서 나올 경우에는 연락처를 남겨둔다.

흔들림을 느끼면 비상등을 켜고

갓길에 정차하고 엔진을 멈추자.

차량 라디오로 재해 정보를 듣고 정보를 수집한다.

부득이하게 긴급 교통로 위에 주차한 경우에는 키를 꽂아둔 채 문을 잠그지 말고 대피하자.

2 상황별 지진 대책 - 고속도로에서

고속도로 운전 중에 큰 지진이 일어나면 차체가 펑크난 것처럼 좌우로 흔들리고 핸들은 통제 불능이 된다.

뒤에 오는 차에 주의하며 천천히 감속하여 도로 가장자리에 정차하고 도로 중앙은 긴급 차량이 통행할 수 있도록 비워둔다.

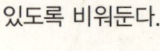

라디오를 켜서 지진이나 재해 상황, 도로 교통 정보를 확인한다.

비상구 또는 고속도로 출입구로 대피한다.

자신의 판단으로 함부로 행동하지 않는다

고속도로에서 지진이 발생하면 속도를 줄이고 차를 우측에 붙여 주차한다. 라디오와 표시등으로 정보를 모으고 경찰, 순찰차의 지시를 기다리고 행동한다. 2차 재해 방지를 위해 자신의 판단으로 행동하지 않는 것이 중요하다. ==대피할 경우에는 차내에 연락처 메모를 남기고 창문을 닫고 키를 꽂은 채 귀중품을 들고 걸어서 대피하자.== 고속도로에는 일정 구간마다 비상구와 계단이 설치되어 있다.

연락처를 남겨둔다.

키를 꽂아둔 채 잠그지 않는다.

지진이 발생하면 고속도로는 폐쇄됩니다.

통행 중지

상황별 지진 대책 - 슈퍼마켓에서 2

진열대에서 떨어지는 물건에 주의한다

유리 제품이나 도자기, 진열 상품 등이 낙하하거나 넘어지는 것에 주의하자. 엘리베이터 근처나 비교적 상품이 적은 장소, 기둥 근처 등의 안전한 장소에서 상황을 살핀다.
출구로 몰려가지 말고 담당 직원의 지시에 따른다. 평소 장을 볼 때 비상구를 확인해 두면 안심할 수 있다.

슈퍼마켓에서 지진이 나면

선반에서 멀리 떨어지고

천장에서 떨어지는 물건에 주의한다.

지진이 멈추면 대피하자.

슈퍼마켓 바구니로 머리를 보호한다.

2 상황별 지진 대책 - 경기장에서

야외형 운동장에서 지진이 일어나면

낙하물에 주의하면서   진동이 멈출 때까지 기다리자.

낙하물 걱정이 없는 야외 운동장은 비교적 안전하다.   운동장으로 대피하기도 한다.

출구나 통로가 좁기 때문에   담당자를 따라 대피한다.

운동장 안은 낙하물이 없으므로 안전하다

경기장은 쉽게 무너지지 않는 건물이라고 알려져 있으며, 최신 기술로 만들어진 돔 구장 등은 내진 설계로 되어 있다. 오히려 지진보다 무서운 것은 관객이 공황 상태에 빠지는 것이다. 지진이 발생했을 때는 자신의 자리에 앉아 있는 것이 가장 안전하다. 가능하면 의자와 의자 사이에 몸을 작게 웅크리고 앉는다. 안내 방송이 나오고 관계자의 안내가 있을 때까지 그 자리에서 기다린다. 함께 온 사람들과 떨어지지 않도록 조심하자.

당황해서 움직이다가 부상을 입는 경우가 많다.

상황별 지진 대책 – 에스컬레이터에서 2

에스컬레이터에서 넘어지면 큰 부상으로 이어진다

지진 이외에도 에스컬레이터에서는 안전 사고가 많이 발생한다. 대부분은 어린이와 고령자가 넘어지거나 추락해 발생하는 사고이다. 고무 재질의 신발이 말려들어가거나, 유아가 떨어뜨린 물건을 주우려다 손가락이 절단되기도 하고, 고령자가 발을 헛디뎌 넘어지거나 떨어지는 등 순간의 방심이 큰 부상을 초래한다.

정전으로 인한 에스컬레이터 급정지도 매우 위험하다. 평소에 한눈 팔지 않고 벨트를 손으로 잡고 타는 습관을 들인다.

에스컬레이터가 갑자기 멈추면

사람들은 도미노처럼 쓰러질 수 있다.

물론 대피할 때는 에스컬레이터가 아닌 계단을 이용하자!

평소에도 벨트에 손을 대고 타는 습관을 기르자.

서둘러야 할 때는 에스컬레이터를 이용하지 않는다.

2 상황별 지진 대책 - 엘리베이터에서

지진일 때는 엘리베이터가 자동으로 멈춘다.

가장 가까운 층에서 정지해야 하지만

오래된 엘리베이터에는 그 기능이 없을 수도 있기 때문에

모든 층의 버튼을 누르자.

갇혔을 경우에는 비상용 호출 버튼으로 도움을 요청하자.

갇혔을 때가 무서운 엘리베이터

엘리베이터에 갇혔을 때는 당황하지 말고 비상 호출 버튼이나 인터폰으로 서비스 회사에 도움을 요청한다. 만일 인터폰도 연결되지 않는 경우에는 엘리베이터에 표시된 서비스 회사나 소방서에 직접 전화한다. 지진이 일어났을 때는 동시에 비슷한 사고가 많이 발생하므로 바로 도움을 받지 못할 수도 있다.

엘리베이터 관리 회사나 소방서에 연락할 것!

상황별 지진 대책 - 폭설일 때 2

눈이 쌓인 집은 지진으로 더욱 위험해진다

무엇보다 눈은 무겁다! 눈의 종류에 따라 다르지만 눈의 무게만 몇 톤이나 된다. 무거운 눈은 흉기로 변한다.

지붕에서 눈이 무너져 지붕 아래에 세워놓은 차의 범퍼가 찌그러지거나 사람이 생매장되는 등 큰 사고로 이어질 수도 있다.

간신히 눈의 무게를 견디고 있는 집은 지진에 취약하다.

방재 대책으로 '눈 청소'는 중요하지만, 혼자서 작업하지 않도록 하자.

집 밖의 눈도 주의!

눈이 많이 와서 지붕에 눈이 쌓이면

눈의 무게로 인해 가옥이 삐걱거린다.

삐거덕~ 삐거덕~

이럴 때 만약 지진이 일어나면

집이 붕괴될 우려가 있다.

지붕의 눈을 쓸어 내려 위기를 피하자.

불이 났을 때

소화기 사용법을 익혀둔다 ◂ 2

침착하게 초기 진화하는 것이 중요하다

소화기를 불이 난 곳까지 운반해서 안전핀을 뽑는다. 호스를 빼고 불씨를 향해 손잡이를 강하게 잡는다. 힘이 부족한 사람은 소화기를 바닥에 세우고 위에서 체중을 실어 손잡이를 누르면 소화액이 분사되기 쉬워진다.
솟아오르는 불길이나 연기가 아닌 '타고 있는 물체'를 향해 빗자루로 쓸듯이 좌우로 뿌린다.

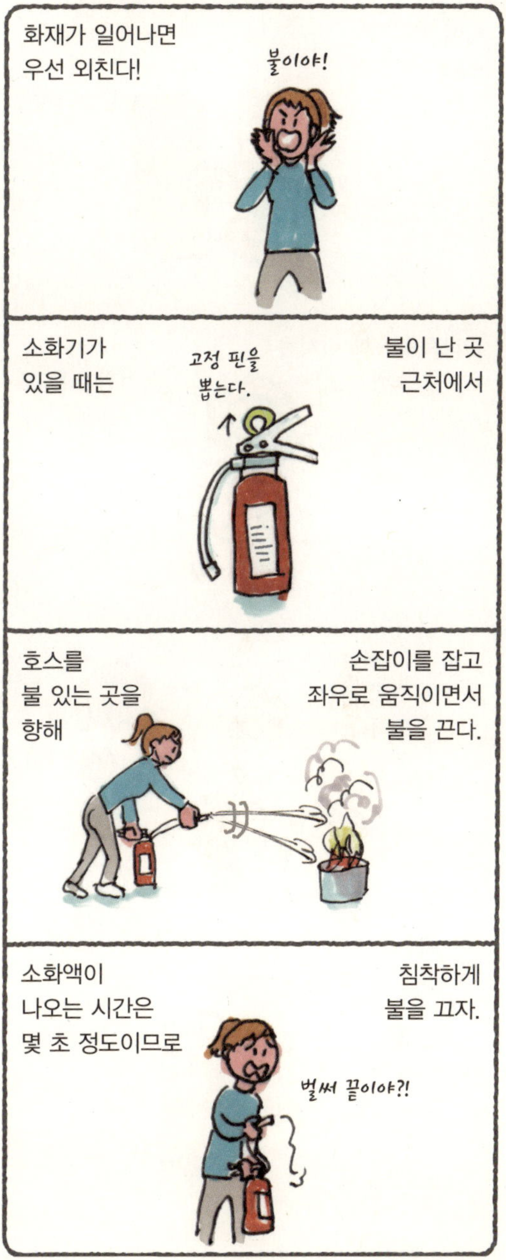

화재가 일어나면 우선 외친다!
불이야!

소화기가 있을 때는 고정 핀을 뽑는다. **불이 난 곳 근처에서**

호스를 불 있는 곳을 향해 **손잡이를 잡고 좌우로 움직이면서 불을 끈다.**

소화액이 나오는 시간은 몇 초 정도이므로 **침착하게 불을 끄자.**
벌써 끝이야?!

젖은 목욕 타월이나 시트를 씌워 진화하는 방법도 있다.

제2장 재해 발생! 무엇을 해야 할까?

2 다양한 소화기 종류

밖에 설치된 소화기가 들어 있는 상자는

덮개 스위치가 녹슬어 있을 수도.

녹슬면 움직이지 않는다.

아파트 복도에 비치된 업무용 소화기는

무게가 6kg 가까이 된다.

무거워!

묵직~

손잡이도 단단해서 호스를 꽉 잡는 것이 중요하다.

와~

여성이나 고령자는 사용이 간편한 '에어로졸식 소화기'를 추천한다.

가격도 10,000원 안팎이다!

평소에 바로 사용할 수 있도록 대비한다

소화기는 업무용과 주택용이 있고 방식도 가압식과 축압식이 있다. 소화제도 분말 타입, 액화 타입, 가스 타입이 있으며, 화재 종류, 보관 장소, 사용 기한, 폐기 방법도 알아둬야 한다. 가정에서 사용하는 주택용 소화기는 자신에게 맞는 것을 선택하고 사용법을 마스터해 두자. 에어로졸식 간이 소화기는 보조적인 역할이지만 초기 진화에 효과가 있다.

불이나 연기로부터 안전하게 피하자! 2

화재 사망 원인의 대부분은 연기이다

만약 초기에 진화하지 못하고 천장까지 불이 옮겨 붙었다면 자신과 다른 주민의 안전을 확보하기 위해 소방서와 구조대에 도움을 요청한다.
연기가 방과 복도에 가득 찬 경우에는 손수건이나 수건 등으로 입과 코를 단단히 막고 연기를 마시지 않도록 자세를 낮추고 대피한다. 또한, 비닐봉지를 이용하여 연기를 피하는 방법도 있다.

불길이 사람 키만큼 솟아올랐다면 우선 대피한다!

자세를 낮추고 최대한 빨리 대피한다!

아파트는 문을 닫고 다른 방으로 옮겨 붙지 않도록 하자.

연기를 마시지 않도록 비닐봉지를 덮어 쓴다.

호텔에도 놓여 있는 대피용품

만약 두고 온 물건이 있더라도 화재 현장에는 절대로 돌아가지 않는다.

2. 불 붙는 옷을 주의하자

세련된 멋쟁이
할머니

주름이 잡히지 않는
화학섬유 옷을
좋아한다.

그러나 화학섬유는
불이 붙으면

빠른 속도로
불이 번져

피부에 달라붙어
전신 화상의
위험이 있다.

옷에 불이 옮겨 붙으면 큰 화재로 이어진다

불이 옷소매에 옮겨 붙거나 스토브의 열로 인해 옷에 불이 붙는 사고가 많이 발생한다. 대부분은 70세 이상의 고령자에게 일어난다.
==화학섬유로 된 옷은 불이 붙으면 피부에 붙어 탄다.== 심한 화상을 입기도 하고 목숨을 잃기도 한다. 정전 시 촛불 사용에도 주의해야 한다.

소매 있는 앞치마 LOVE

흔히 발생하는 '스프레이 캔' 사고!

스프레이 캔의 주의사항을 잘 읽을 것

2018년 말에 발생한 홋카이도 삿포로시의 대폭발 사고는 믿을 수 없게도 '탈취 스프레이'가 원인이었다. 대부분의 스프레이 캔은 가연성 가스를 분사제로 사용한다. 데오드란트 스프레이, 살충제 스프레이, 헤어 스프레이, 도료 스프레이 등이다. 언뜻 보기에 폭발이나 화염과 관계없을 것 같은 제품에도 위험이 도사리고 있다.

사용 전에 반드시 제품에 기재된 주의사항을 확인하자. 스프레이 캔을 폐기할 때는 각 시군이 지정한 쓰레기별 구분을 잘 지켜 버리는 것이 중요하다.

휴대용 가스레인지로 철판구이를 하다가 폭발!

난로 앞에 방치한 부탄가스가 폭발.

냉각 스프레이를 뿌린 직후에 담배를 피웠더니 옷에 점화.

살충제 가스가 욕실의 불씨에 불이 붙어 큰 화상을 입었다.

제2장 재해 발생! 무엇을 해야 할까?

비가 많이 올 때

2 보도되는 강우량을 알아두자

재해 정보에서 호우, 장마의 위험 파악하기

최근 집중호우에 의한 수해, 토사 재해가 빈발하고 있다. 보도되는 재해 정보의 강우량은 실제로는 어느 정도인지 정확히 이해해 두자. 또한, 홍수 해저드 맵에서 자신이 사는 지역의 재해에 대한 위험도도 파악해 두자. 지자체 홈페이지 등에서 확인할 수 있다.

토사 재해의 대부분이 장마와 집중호우로 발생한다. 호우가 아니더라도 100mm 이상의 강우량이 되면 주의하자.

시간당 강우량 10~20mm	빗소리가 시끄러운 정도
시간당 강우량 20~30mm	이른바 소나기
시간당 강우량 30~50mm	양동이로 쏟아붓는 듯한 비
시간당 강우량 50~80mm	폭포수처럼 내리는 비 (앞이 안보여.)

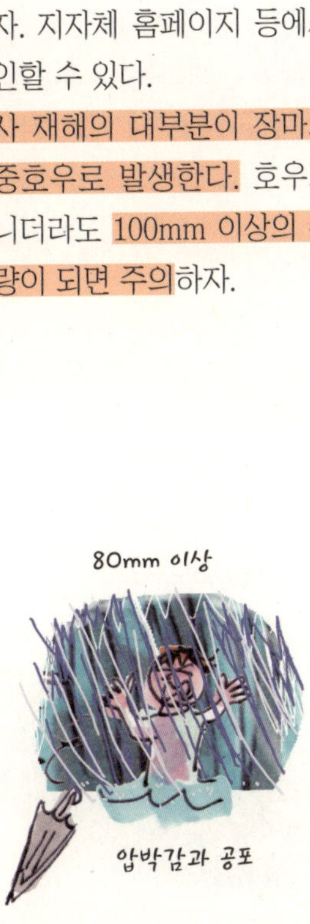

80mm 이상 — 압박감과 공포

제2장 재해 발생! 무엇을 해야 할까?

2. '풍속'이란 무엇인가?

보도되는 풍속에 따라 행동한다

'풍속'은 10분간의 평균 풍속을 표시한다. 평균 풍속의 최대치를 '최대풍속', 순간풍속 최대치를 '최대순간풍속'이라고 한다. '태풍'은 발달한 열대 저기압을 일컫는 말이다. 북미나 중미의 '허리케인', 인도양 등의 '사이클론'도 같은 것이다. 열대 저기압이 존재하는 지역에 따라 그 명칭이 다르며 각각 최대풍속의 기준에 차이가 있다.

유조선이 떠내려가 다리에 충돌

태풍 접근! 정전·단수에 대비하자(실내) 2

신속하게 분담하여 준비한다

집 주변을 확인하고 날아갈 만한 물건은 실내에 보관한다. 상점을 운영하는 경우에는 간판이 흔들리지 않는지 확인하자. 프로판 가스통을 고정하고 휴대용 가스레인지를 준비한다. 환기구로 물이 들어와 건물 내부가 침수될 수도 있으므로 막아 둔다. 유리창에는 지진 때에도 효과적인 '파편 날림 방지 필름'을 붙여두자.

라디오 건전지 확인

휴대폰 충전 배터리 충전

랜턴에 비닐봉투를 씌운다.

손전등 헤드라이트

목욕물은 버리지 말고, 음료수도 미리 준비해 둔다.

비상용 화장실도 잊지 않고 준비한다.

비상물품 배낭, 해저드 맵과 대피소 위치도 확인한다.

가재도구 등을 높은 곳으로 이동시켜 둔다.

2 태풍에 대비하자(실외)

스스로 할 수 있는 대책을 세우자

창과 덧문은 단단히 자물쇠를 걸고, 필요하면 바깥쪽에 판자로 보강한다. 바람에 날려갈 수 있는 것들, 예를 들어 빨래 건조대나 작은 개집, 프로판 가스 등을 고정해 두자.
화분도 집 안으로 들여놓고, 토사 재해 위험이 있는 장소는 특히 주의하자. 침수가 우려되는 장소에는 흙부대를 준비해 둔다.

빗물받이 등의 수로 청소

금이 간 돌담은 보수 공사를 한다.

갈라진 땅이나 무너질 위험이 있는 경사로 등은 천막을 덮고

불안정한 바위 등은 치운다.

무너질 듯한 곳은 판자로 보강한다.

흙부대

태풍 시에는 자동차도 대피시키자 2

미리 차량 안전 대책을 세운다

태풍이 다가오면 주차 빌딩의 경쟁률도 높아진다. 신속한 행동이 중요하다. 차량을 이동시킬 시간이 없거나 만차여서 주차할 수 없을 때는 커버만이라도 씌워 두자.

커버 자체가 날아가지 않도록 단단히 고정할 수 있는 유형을 선택하자. 그때 차와 커버 사이에 담요나 골판지 등 쿠션이 될 만한 것을 끼워둔다.

지하 주차장 하천 부지 해안 근처의 주차장은 — 차가 수몰될 우려가 있다.

노천 주차장은 — 날아온 것이 차량을 파손시키거나

강풍으로 인해 자동차끼리 충돌하거나 전복하기도 한다.

기본적으로는 차고에 넣는다. 차고가 없는 경우에는 주차장을 빌리거나 주차 빌딩에 대피시키자.

태풍 피해에는 '차량보험'이 적용된다.

2 게릴라성 호우가 내릴 때는 운전에 주의하자

많은 비가 내릴 때는 바퀴자국을 피하고 속도를 줄인다.

침수된 도로는 천천히 달리든 빨리 달리든 위험하다.

차가 물에 잠기면 문을 열 수 있을 때 바로 대피하자.

침수된 자동차로 움직일 때는 특히 주의가 필요하다.

위험 수위에 도달하는 것은 한순간이다

침수된 도로를 달리는 것은 상당히 위험하다. 수심을 알 수 없고 도로에 장애물이 있어도 물에 잠겨 알지 못하기 때문이다. 과거에 선로 아래를 지나는 고가도로의 물웅덩이에 차가 빠져 탈출하지 못하고, 차에 타고 있던 사람이 익사한 사고도 있었다.
또한, 엔진에 물이 들어가면 수리하지 못하고 폐차할 수밖에 없다.

많은 비가 올 때는 브레이크나 핸들이 작동하지 않는 '수막(hydroplaning)' 현상도

토사 재해로부터 몸을 지키자 2

맹렬한 속도로 흙, 바위, 물 등이 덮쳐온다!

지자체에서 제공하는 해저드 맵을 보고 사는 곳이 '토사 재해 위험 구역'인지 확인한다. **'토사 재해 위험 구역'이 아니어도 가까이에 작은 골짜기나 절벽이 있다면 주의해야 한다.**
토사 재해 시 대부분 목조 가옥의 1층이 재해를 입는다. 대피소로 이동하기 어렵다면 절벽으로부터 먼 방, 튼튼한 건물이라면 2층으로 이동하자.

토사 재해란 산사태, 산사태로 인한 진흙과 돌이 섞여 흘러내리는 현상, 경사지 붕괴를 말한다.

지진, 폭우, 태풍이 원인이 되어 발생한다.

토석류는 자동차 수준의 스피드!

자갈이 떨어지고 물이 뿜어 나오는 것은

후드득

절벽 붕괴의 징후이다.

산이 울리거나 썩은 흙냄새가 난다거나 나무와 돌이 부딪치는 소리가 난다면

이것도 토석류의 징후! 1초라도 빨리 대피하자!

냄새~

2. '사방(砂防) 댐'만 있으면 안심?

비가 많이 오고, 산이 많고, 지진이 많은 일본의 '토사 재해 위험 구역'의 수는 무려 52만 개소

공사로 인한 하드 대책의 약 20%가 절벽 붕괴 대책과

토사 재해 대책의 '사방 댐(사방제방)' 등이다. 그러나……

예상치 못한 호우에는 많은 도움이 되지 않는다.

'예상치 못한 일'은 늘 일어난다

서일본 호우재해 때는 사방(砂防) 댐이 토석류를 막은 지역이 있었다. 한편, 완성한 지 얼마 안 된 사방 댐을 파괴하고 밀려들어 온 토사로 인해 희생자가 나온 지역도 있었다. <mark>사방(砂防) 시설만으로는 완전한 방재가 불가능하기 때문에 과신하지 않는 것이 중요하다.</mark> 또한, 강의 생태계를 분단시키는 사방댐의 환경에 대한 배려가 향후의 과제라고 할 수 있다.

호우 시에는 가정의 배수를 자제하자 2

한계를 넘은 하수도에 생활 배수를 버리지 말자

침수 피해의 대부분은 반지하 주차장, 지하실, 움푹 패인 지역 등에서 발생한다. 도시에서는 아파트나 빌딩의 건설, 도로 포장의 영향으로 빗물이 땅속으로 스며들지 못하는 것도 원인 중 하나이다.

호우 시에는 가정의 배수까지 흘러가면 하수도관의 물이 증가하여, 그 하수가 넘치면서 침수 피해가 더 커질 수도 있다. 집중호우 시에는 하수도의 부담을 줄이기 위해 목욕이나 세탁 등 많은 양의 물을 흘려보내는 것은 삼가도록 하자.

집중호우 때는 도로 침수, 주거 침수의 원인이 된다.

비의 배수를 방해하지 않는 것이 중요하다.

빗물받이를 청소해 둔다.

호우 시에는 목욕물을 흘려버리거나 세탁을 하지 않도록 주의하고

배수구에서 오수가 역류할 수도 있으므로 흙 주머니 등으로 막아두자.

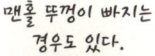

맨홀 뚜껑이 빠지는 경우도 있다.

2 흙부대를 만들어 피해를 막자

쓰레기봉투를 두 장 겹친다.

정확하게는 '흙부대'가 아니라 '물주머니'이다.

물을 붓고 입구를 꽉 묶는다.

침수되기 쉬운 장소에 둔다.

판자와 겹쳐두거나

돗자리로 씌워 상자나 바구니 등을 함께 겹쳐둔다.

직접 만든 흙부대는 판자 등과 겹쳐서 사용한다

토목공사 현장이나 수해 등 자연재해 피해 지역에 빠질 수 없는 것이 흙을 넣은 '흙부대'이다. 지자체에 따라서는 무료로 나눠주는 곳도 있다. 크기는 다양하지만 수십 킬로그램의 흙이 들어 있기 때문에 당연히 무겁다!

위급 상황에서 현관, 부엌 문 등 침수되기 쉬운 곳에 간이 흙부대를 놓아두는 것만으로도 침수를 막을 수 있다. 또한, 흡수성이 있는 고분자 흡수 재료를 사용한 가정용 흙부대도 마트 등에서 판매하고 있다.

비오는 날에 산책하면서 주위 상황을 관찰해 둔다.

천정천에 주의하자 2

바로 근처에 위험이 숨어 있을 가능성도

호우에 의해 '천정천(天井川)'의 수위가 높아져 제방이 붕괴되거나 범람하여 넘친 물은 주변의 토지, 주택을 수몰시켜 버린다. 또한 도쿄, 나고야, 오사카 등의 대도시는 고도 성장기에 지하수를 끌어올려 발생한 '지반침하'로 넓은 면적의 '해발 제로 미터 지대'이다.
도쿄의 '아라카와(荒川)'가 범람하면, 긴자와 마루노우치 모두 물에 잠겨 수도의 기능이 마비되고, 물이 빠질 때까지 최장 한 달은 걸릴 것으로 예상되고 있다.

일본에는 '천정천(天井川)'이라고 부르는 강이 다수 존재한다.

천정이라고?

강은 토사의 퇴적으로 인해 자연스럽게 제방이 생기고

강의 범람을 막기 위해 물리적으로 제방을 높이 쌓는다.

흘러나오는 토사로 인해 강바닥이 높아지고

거기에 맞춰 제방도 높게 만든다.

수위가 점점 높아지면서 지면보다 높은 '천정천(天井川)'이 된다.

범람한 강물은 펌프로 돌릴 수밖에 없다.

제2장 재해 발생! 무엇을 해야 할까?

우습게 보지 말자
예상치 못한
대자연

돌풍, 번개,
눈사태일 때

회오리바람에 대비하자(실내) 2

회오리바람이 발생하는 4가지 징조

회오리바람 등 격렬한 돌풍을 정확하게 예측할 수는 없지만, 회오리바람이 일으키는 적란운이 형성되는 징조는 다음의 4가지이다.

① 시커먼 구름이 가까워져 주위가 갑자기 어두워진다.
② 천둥소리가 들리고 번개가 보이기도 한다.
③ 찬바람이 불기 시작한다.
④ 커다란 우박이 내리기 시작한다.

이상과 같은 현상이 일어나면 회오리바람이 발생할 가능성이 있다고 생각하면 된다. 재빨리 건물 안으로 대피하고 필요한 행동을 취하자.

섬뜩~

창문을 꽉 닫고 유리가 깨져 흩어지는 것을 방지하기 위해 커튼을 친다.

1층으로 이동하고
가능하면 창문이 없는 방으로 대피한다.

사방이 벽으로 둘러싸인 화장실이나
화장실로 대피해서 살아난 대학생

욕실로 대피하자.
욕조에 대피해서 살아난 중학생

2 회오리바람에 대비하자(실외)

몸을 웅크리고 머리를 보호한다

야외에 있는 차고, 창고, 조립식 건물은 위험하다.

덧문, 셔터를 닫는다.

전봇대나 큰 나무도  넘어질 수 있어 위험하다.

튼튼한 건물의 틈 속에 들어가 몸을 웅크리고 있자.

회오리바람은 돌풍의 일종이지만 그 수명이 짧은 반면에 맹렬한 바람을 동반하여 폭풍과 같이 건물 등에 큰 피해를 준다. 회오리바람을 발견하면 가능한 한 빨리 튼튼한 건물 안으로 대피하자. 근처에 '튼튼한 건물'이 없는 경우에는 수로나 웅덩이로 들어가 몸을 웅크리고 머리를 보호한다. 참고로 세계에서 발생하는 회오리바람의 80%는 미국에서 발생한다. 미국에서는 대피용 지하실을 갖춘 집도 많다.

토네이도

번개로부터 도망쳐! '번개 웅크림'을 익혀보자!

번개 재해의 올바른 지식을 몸에 익힌다

번개는 높은 것이 있으면 그곳을 지나 떨어지는 경향이 있다. 운동장, 골프장, 해안 등 넓은 장소나 산처럼 높은 곳에서는 사람에게 번개가 떨어지기 쉽다.

'번개 웅크림'은 까치발을 하고 양발 뒤꿈치를 맞춰 웅크린 자세이다. 지면에서 전해져오는 번개의 전기를 최소한으로 억제할 수 있다.

번개가 칠 때는 높은 곳 근처에서 벗어나라!

자동차 안이나 집 안으로 대피하자.

'금속을 빼면 안전하다', '고무 장화를 신으면 안전하다'는 말은 잘못된 정보이다.

엇, 아니었어?

대피할 곳이 없을 때는 '번개 웅크림'을 하자.

머리 낮추기
귀를 막아 보호하기
까치발하기
양발 뒤꿈치 붙이기

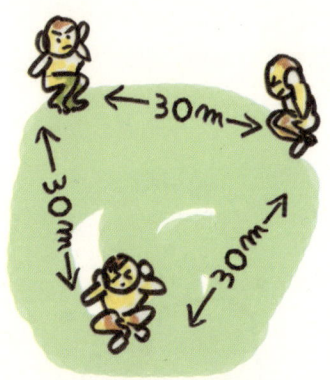

'번개 웅크림'을 할 때는 뭉쳐있지 말고 따로따로!

2 폭설로 차가 꼼짝 못 하면 생명이 위험할 수 있다

폭설로 인한 정체와 화이트 아웃 상태에서 차가 선 채로 꼼짝 못 하면 위험하다!

일산화탄소 중독사 사고가 발생한 경우도 있다. 눈이 차의 배기통을 막은 것이 원인이었다.

엔진을 켠 상태라면 '배기통'과 '외기 도입구'의 제설을 부지런히!

타이어 체인, 삽, 장화, 담요, 식량 등을 차에 실어 두자.

차 안에 필요한 도구를 상비한다

예상치 못한 폭설은 많은 사고를 발생시킨다. 눈 속에서 차를 운전하다가 이러지도 저러지도 못한 채 꼼짝 못 하고 서 버렸다면, 엔진을 끄고 담요를 덮어 몸을 덥히거나, 근처 민가 또는 긴급대피소로 대피하자. 야외에 주차하는 경우는 와이퍼를 세워 둔다. 눈의 무게로 와이퍼가 손상되거나 고무 부분이 추위에 붙어 버리는 것을 방지하기 위해서이다.

설국 명물 달팽이 주차

눈사태에서 살아남기 2

순간의 판단이 생사를 가른다

눈사태에 휩쓸렸다면 입을 막고 눈 속을 수영하듯이 헤쳐 일어난다. 입을 막는 것은 입에 눈이 들어가 숨을 쉴 수 없게 될 우려가 있기 때문이다. 만약 헤쳐 나올 수 없으면, 양손을 사용하여 입 주위에 공간을 만든다.
눈 속에 파묻혔을 경우에는 몸을 웅크리고 조용히 호흡하며 구조를 기다린다. 눈에 매몰되고 15분 정도 지나면 급속하게 생존율이 낮아진다. 즉, 호흡 공간이 있느냐 없느냐가 생존율에 큰 영향을 미친다.

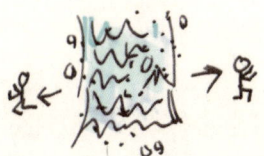
눈사태가 발생하면 옆으로 피한다.

눈사태가 일어나서 휩싸였을 때는

수영하듯이 눈을 헤쳐 일어난다.

그래도 안 되는 경우는 질식하지 않도록 얼굴을 가린다.

손발을 펴면 움직일 수 없게 되므로 몸을 웅크리고 공간을 확보한다.

방사능 대처법

방사능의 기본 지식 2

방사성 물질의 성질은 각양각색이다

'방사능'은 방사성 물질이 방사선을 뿜어내는 능력을 일컫는다. 일반적으로는 방사성 물질을 가리켜 '방사능'이라고 한다. 방사성 물질은 원래 자연에도 존재하고 있었다. 또한 방사선이나 방사성 물질은 종류가 많고, 각각 독성도 특징도 다르다. 원자력발전소 사고에 의해 방사성 물질이 외부로 방출되면 바람이나 물을 타고 퍼지면서 농작물, 토양, 바다, 가축을 오염시킨다.

바람에 날린 가벼운 물질은 순식간에 지구를 일주한다. 또한 체내로 들어오면 방사선을 지속적으로 방출하기 때문에 건강에 피해를 준다. 반감기는 물질에 따라 짧게는 일주일, 길게는 수억 년이나 반영구적으로 걸리기까지 한다. 플루토늄은 인간이 만들어낸 인공 원소로 반감기는 2만 4천 년이다.

제2장 재해 발생! 무엇을 해야 할까? 109

2. 방사능은 눈에 보이지 않는 공포

방사성 물질은 보이지 않는다.

색도 냄새도 없다.

상쾌한 바람~

손으로 만질 수도 맛을 볼 수도 없다.

방사성 물질이 묻은 티끌이나 먼지 등이

바다, 산, 숲, 목초, 논, 강, 학교 운동장에 쌓인다.

사람은 보이지 않는 것, 이해할 수 없는 것을 두려워한다

원자력 발전소 폭발사고 등이 발생하면 방사성 물질이 미립자가 되어 대기 중에 떠돌아다니면서 바람을 타고 퍼진다. 그리고 옷이나 피부에 묻어 방사선을 방출한다.

방사성 물질 미립자를 흡입하거나 오염된 물, 음식을 섭취하면 체내는 방사선에 계속 노출된다. 이를 '내부 피폭'이라고 한다.

바로 증상이 나타나지는 않아요.

지겹도록 들었어.

방사능으로부터 몸을 지키자(실외) 2

외출할 때는 되도록 몸을 덮는다

방사능은 눈에 보이지 않고, 냄새도 없고, 아프지도 않다. 강한지 약한지 영향이 있는지도 모른다. 설명을 들어도 잘 모르겠다. TV에서 '괜찮다'고 해도 솔직히 무서운 게 사실이다. 외출할 때는 비옷 등으로 무장하여 스스로 조심하는 것도 좋다. 그래도 걱정이 된다면 귀가 후 샤워를 해서 오염을 제거하자. 정보를 확인하고 혼란에 빠지지 않도록 냉정하게 대응하는 것이 중요하다.

방사능 대책은 꽃가루 알레르기 대책과 비슷하다.

가능한 한 피부를 덮는 복장을 하고

마스크 안쪽에는 물에 적신 거즈를 댄다.

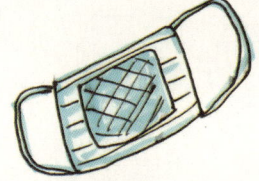

귀가하면 양치질, 손을 씻고

겉옷은 방으로 갖고 들어오지 말 것.

샤워로 오염물질 제거

특히 비 오는 날에는 비에 젖지 않도록 주의하자.

2 방사능으로부터 몸을 지키자(실내)

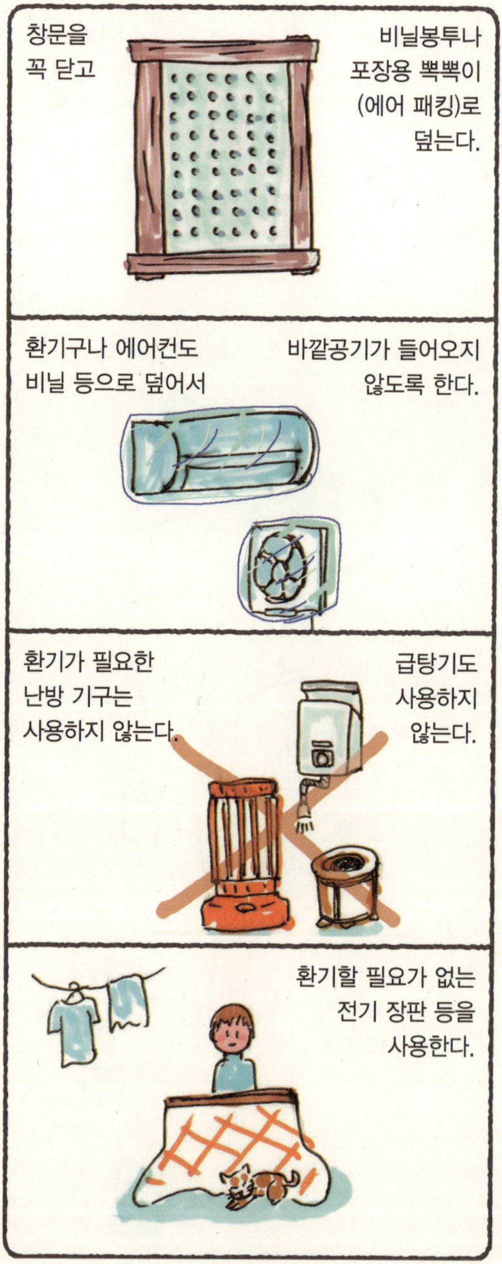

창문을 꼭 닫고

비닐봉투나 포장용 뽁뽁이 (에어 패킹)로 덮는다.

환기구나 에어컨도 비닐 등으로 덮어서

바깥공기가 들어오지 않도록 한다.

환기가 필요한 난방 기구는 사용하지 않는다.

급탕기도 사용하지 않는다.

환기할 필요가 없는 전기 장판 등을 사용한다.

실내 대피경보가 발령되면 외출을 자제한다

후쿠시마 현 원자력 발전소의 방사능 누출로 '실내 대피경보'가 발령되었다. 방사선은 거리와 상관없이 바람을 타고 날아갈 수 있다. 외부 공기가 방으로 들어오지 않도록 비닐 등으로 창문 틈새를 막자.

집 밖에 둔 식료품도 실내에 들여놓는다. 빨래도 실내 건조하고 밖에서 기르는 반려동물은 목욕을 시켜서 집 안에 들여놓자. 그래도 걱정된다면 ==집 안에서도 제일 안쪽의 창문이 없는 방에서 지내도록 하자.== 스스로 할 수 있는 대책을 마련해 보자.

반려동물도 함께

제 3 장

재해 피해, 그 후

자신과 가족의
안전이 최우선!

최우선은 '자신의 생명'이다! ◀ 3

자신을 지키는 것이 가족을 지키는 것이다

죽는다면 가족을 지키는 것은 불가능하다. 부상을 당했다면 구호가 필요한 사람이 한 명 늘어난다. 결과적으로 구급활동이나 행정기관에도 부담이 된다.

동일본 대지진 때 다른 사람을 돕기에 분주했던 사람들 몇 명이 목숨을 잃었다. 자신이 부상 없이 살아 있어야 앞으로 다른 사람 돕기로 이어질 수 있는 것이다. 후세의 미담보다 자신의 생명이 우선이다.

이와테 현의 가마이 시에서는 아이들이 대피하는 모습을 보고 이웃 어른들도 황급히 함께 대피한 결과, 많은 목숨을 구했다.

50년 만에 한 번의 100년 만에 한 번의 재해도 당연한 시대.

생명을 지키는 행동을!

중요한 것은 자신의 몸을 지키는 것.

차단기 가스 체크 완료!

빠른 대피가 중요하다.

이웃에게도 말을 건네고

전화는 나중에 하고, 지금 얼른 대피해야 돼요~

평소에 가족과 미리 이야기 해놓자.

각자 대피해야 돼!

응!

3. 대용품으로 여진에 대비하자

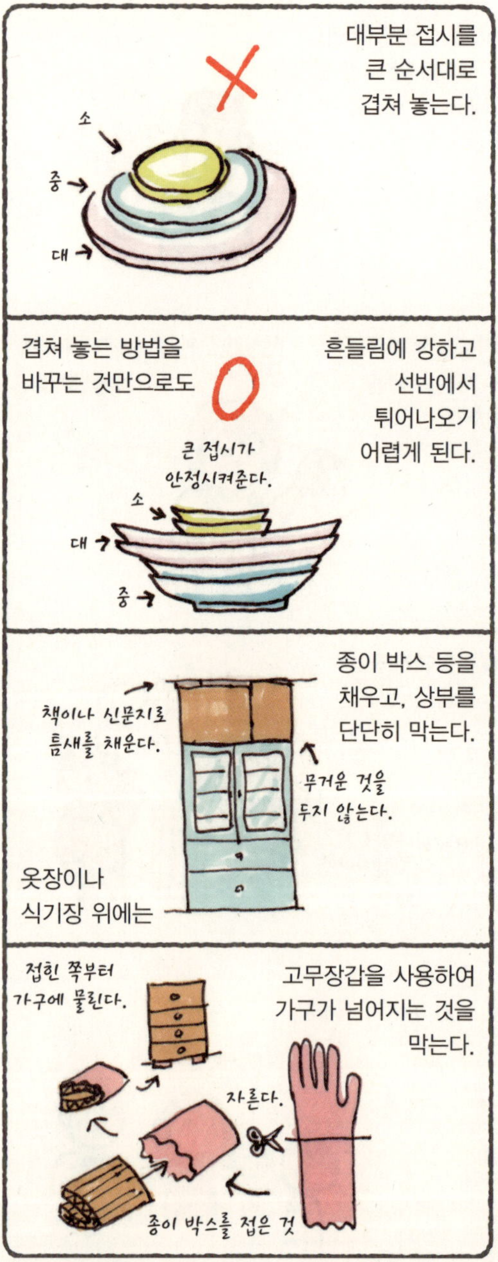

대부분 접시를 큰 순서대로 겹쳐 놓는다.

겹쳐 놓는 방법을 바꾸는 것만으로도 흔들림에 강하고 선반에서 튀어나오기 어렵게 된다.

큰 접시가 안정시켜준다.

책이나 신문지로 틈새를 채운다.

종이 박스 등을 채우고, 상부를 단단히 막는다.

무거운 것을 두지 않는다.

옷장이나 식기장 위에는

접힌 쪽부터 가구에 물린다.

고무장갑을 사용하여 가구가 넘어지는 것을 막는다.

자른다.

종이 박스를 접은 것

방재용품이 없다면 주변의 물건을 활용하자

지진이 일어난 뒤에 급하게 방재용품을 준비하는 사람이 많다. 지진 직후에 철물점이나 1000원 숍에 가면 당연히 방재 관련 용품은 모두 매진! 그럴 때는 주변의 물건을 활용하자. 옷장 등의 가구와 천장 사이의 공간을 종이 박스와 신문지로 받침목 막대기를 대신하여 틈새를 채우면 가구가 쓰러지는 것을 방지할 수 있다. ==종이 박스는 가볍지만 측면에서 지탱하기 때문에 꽤 단단하게 가구가 쓰러지는 것을 막아준다.== 고무 밴드나 고무장갑(손목 부분)으로 종이 박스를 감싸 가구 밑부분에 단단히 물리면 미끄럼 방지도 된다. 집에 있는 물건을 활용하여 여진에 대비하자.

접은 종이 박스에 고무 밴드를 두르는 것도 좋다!

3. 아이의 인도 규칙을 정해놓자

초등학생 하교 픽업은 친족만 가능하다

초등학교나 유치원, 어린이집에서는 방재 훈련 방식도 각각 다르다. 평소 학교의 방재 훈련에 참가하여 규칙을 알아두자. 예를 들어, 어느 초등학교는 데리러 오는 친족을 미리 등록제로 하거나, 유치원이나 어린이집에서는 '픽업 카드'를 가진 등록 친족만으로 제한하기도 한다. 대지진 때는 귀가 난민이 될 경우를 대비하여 가족이나 친족도 가능하도록 미리 협의해 두자.
대규모 재해가 일어난 후에는 학교의 대피 매뉴얼을 검토하기도 하므로 재확인이 필요하다.

지진 발생

교정에 대피

부모가 데리러 오면 — 아이를 인계하지만

부모가 귀가 난민이 된 경우에는 — 누군가 데리러 갈 수 있도록 해두자.
할머니입니다. 신원 증명 서류

많은 학교에서 자고 가야 하는 경우가 발생했습니다.
담요가 한 장뿐이야…

제3장 재해 피해, 그 후

3 귀가할 수 없을 때는 무리하게 귀가하지 않는다

동일본 대지진이 있던 밤, 도쿄는 수백만 명의 귀가하지 못한 사람들로 넘쳐났다.

고속도로는 폐쇄되고 데리러 오는 차와 택시로 대혼잡이 일어났다.

급하게 도내의 학교, 관공서 등이 이들을 위해 개방되었고 많은 사람들이 그곳에서 하룻밤을 보냈다.

귀가가 곤란할 때를 대비하여 필수품을 다시 한번 확인하자!

물

포켓 지도

운동화

회사 로커에 보관

나침반

정보를 항상 입수한다

동일본 대지진이 일어난 날, 교통 기관이 마비된 수도권은 대혼란이었다. 운동화를 사는 사람으로 신발가게는 혼잡하고 자전거 매장에는 손님이 쇄도, 편의점에서는 식료품이 매진되었다.

한편, 귀가를 포기한 사람들은 술집에서 시간을 보냈다. 하지만 생각해 보자. 만약, 한여름 낮이고, 전기가 멈추었다면 어땠을까? 상상하면 위험한 일임을 알 수 있다. 안전이 확보된 장소에 있다면 무리하게 귀가하지 말고 항상 정보를 입수하여 판단하자.

여진이 계속되어 배낭을 메고 출퇴근하는 회사원

지진으로 가스가 멈춘다면 3

지진이 발생하면 자동으로 안전장치가 작동한다

가스계량기의 문을 열고 계량기에 붙어 있는 복구 버튼을 누른다. 3분 후 적색 램프의 점등이 꺼지면 가스를 사용할 수 있다. 3분 경과 후에도 적색 램프가 깜박이고 가스가 멈춘 상태 그대로라면 가스 밸브를 잠그지 않았거나 가스 기기가 켜져 있는지 다시 확인한다. 가스 냄새가 나면 절대 불을 켜거나 환풍기나 전기 스위치를 켜서는 안 된다. 아무것도 만지지 말고 가스 밸브와 계량기 밸브를 닫고 창을 열어 환기시킨 후 바로 가스 회사에 연락한다.

대피할 때는 반드시 가스 밸브를 잠근다.

무사히 귀가하면 밸브를 연다. 가스 기구는 멈춰 둔다.

안전장치를 복구시킨다. 뚜껑을 제거한다. 복구 버튼을 누르고 램프가 깜박이면 손을 떼자.

3분 가량 기다리면 마이크로 컴퓨터가 안전을 확인한다. 적색 램프가 점멸되면 사용 가능하다.

가스 냄새가 날 때는 들어가지 않는다.

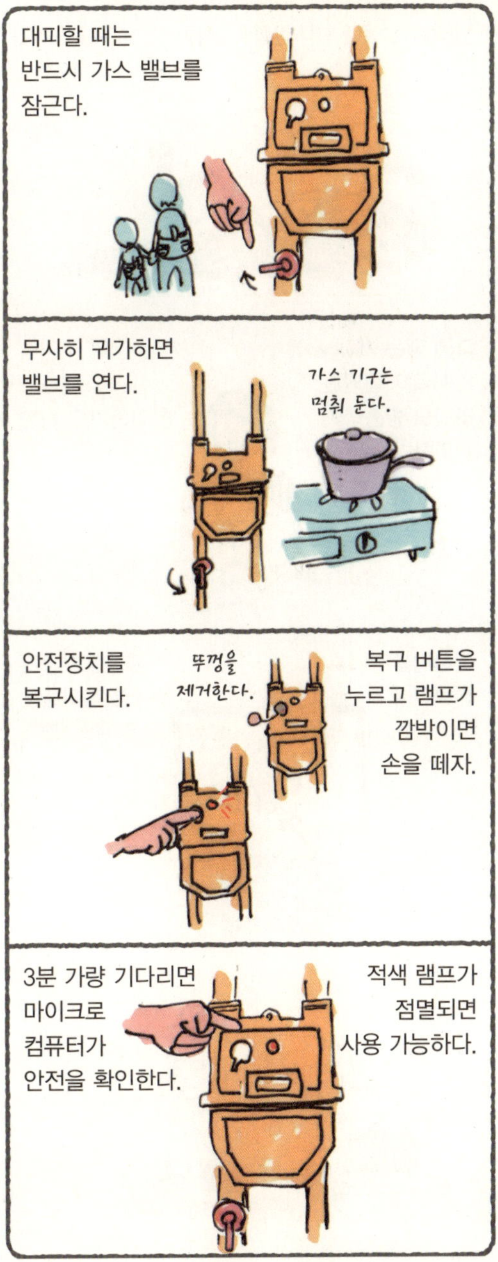

3 ▸ 재해 FM(임시 재해방송국)에 주의를 기울이자

재해 FM으로 생활정보 얻기

임시 재해방송국은 재해 발생 시에 임시로 개설되는 방송국이다. 면허 기간은 2개월뿐이지만 갱신할 수도 있다. 재해가 발생하고 불과 1시간 만에 면허를 얻은 곳도 있었다. <mark>방송 내용은 재해 관련 정보, 안부 정보, 대피 장소, 구원 물자, 가설주택, 라이프라인 복구 상황 등 생활에 기인한 것이 대부분이다.</mark> 정보가 가장 필요한 재해지역에서는 중요한 정보원이다. 반면, 운영비 염출에 각국이 고민하고 있는 것도 현실이다.

방재 무선이나 휴대전화도 불통…

그럴 때는 재해 시에 임시로 개설되는 라디오 방송국이 편리하다.

재난 지역 주민이 스태프로 참여하기도 하고

기자재를 빌리거나

자원봉사자가 운영에 참여하는 경우도 있다.

스튜디오는 조립식

피해 지역에서는 중요한 정보가 될 것이다.

동일본 대지진 때는 4개 현에 21개의 방송국이 생겼습니다.

밝은 화제로 긍정적으로!

치우기 전에 '피해 사진'을 찍어둔다

비상시라도 까먹지 말고 해두어야 할 것

집이 피해를 입은 경우, 예를 들어 수해에 의해 바닥이 침수되면 다다미와 바닥이 물을 빨아들여 팽창하면 바닥면이 파손되어 판정이 바뀐다. 피해를 입은 자동차도 사진을 찍어두자. 자동차에 부과되는 세금의 감면 조치와 보험금을 신청하는 데 필요하다.

정원으로 쓸려온 주택 폐기물과 바위, 쓰러진 나무 등도 사진을 찍어두자. 사유지의 폐기물 철거 보조금이 나오는 경우도 있다. 쓸려온 타인의 파손된 가구를 촬영해 두면 추후에 발생할 문제도 예방할 수 있다. <mark>또한, 영수증 같은 것도 모두 모아 두자.</mark>

'이재 증명서'를 신청하려면 사진이 필요하다. — 지붕, 기둥, 외벽, 집 안, 배수 설비, 침수 흔적

외벽, 지붕 등 침수 흔적이 있는 모든 장소를 찍어두자. 기둥 등의 주요구조물의 손상 상태가 중요하다. 기울어졌네. 찰칵~

물을 뒤집어 쓴 자동차 농업용 기계, 농지. 흙탕물을 뒤집어쓴 차

정원이나 사유지의 재해 상태도 찍어두자. 정원에 쓸려온 큰 바위

쓸려온 남의 집 가구

제3장 재해 피해, 그 후

3 무너진 집의 붉은 벽보는 무엇일까?

지진 직후 집에 벽보가 붙었다!

출입 금지가 되었다. 그것은······

'응급 위험도 판정' 여진에 의한 2차 재해를 방지하기 위한 목적이다.

'응급 위험도 판정'은 이재 증명을 위한 조사와는 다르다.

신청, 판정, 교부 이재 증명서를 위한 피해 인정 조사와는 별개이므로 주의해야 한다.

예기치 못한 2차 재해에 말려들지 않기 위해서는

'응급 위험도 판정'은 여진에 의한 2차 재해를 방지하기 위한 목적이다. '응급 위험도 판정사' 자원봉사자가 2인 1조로 판정한다.

판정된 건물은 세 종류로 나뉘며 붉은 종이는 '위험(출입 금지)', 노란 종이는 '요주의(들어가려면 충분히 주의)', 녹색 종이는 '조사필(사용 가능)'의 판정 스티커를 붙인다.

등록증 있음

3 트위터로 구조 요청이 가능할까?

최후의 수단이라고 생각하자

대규모 재해가 일어났을 때 인터넷상에서 많은 '구조 요청'이 확산되었다. 그러나 좋은 취지로 퍼뜨린 것이 비슷한 구조 요청 수만 늘리고 정말 도움이 필요한 트윗을 덮게 될 수도 있다.

만약 지인이 '구조 요청'을 트윗하면 대신해서 소방서나 지자체에 연락해 보자. 단, 재해가 발생하면 소방서나 관공서에서는 끊임없이 전화가 울리고 인터넷 담당자는 혼자인 경우가 많으므로 그런 상황 속에서 대응하고 있다는 것도 이해해 두자.

구조 요청의 기본은 119, 112번이다.

기본은 전화입니다.

끈기있게 걸어주세요.

트위터로도 구조 요청이 가능하다.

어쩌지~ 연결도 안 되고 배터리도 없는데...

구조 내용은 구체적으로 주소나 위치 정보 상황을 알 수 있는 사진을 첨부할 것.

해시태그에 '#구조'를 넣기

자위대로 요청 중입니다.

ctrl + C + V 금지!!

구조가 완료되면 해당 트윗을 삭제하는 것이 규칙이다.

제3장 재해 피해, 그 후 123

정전의 계산대
카드 계산에는
속수무책

정전 대책 세우기

정전에 대비하자 3

첨단기술 주택일수록 정전에 약하다

동일본 대지진 때 원전 사고의 영향으로 전력이 부족하여 '계획 정전'이 실시되었다. 또한, 최근에는 이상 기상에 의한 폭설로 정전이 발생하였다. 정전을 예측할 수 있는 경우에는 준비를 하자.

정전 해제 후, 화재의 원인이 될만한 전열 기구는 플러그를 뽑아 두자. 냉장고의 내용물을 체크하고, 심야 정전 시 발에 걸려 넘어지지 않도록 방을 정돈해둔다. 최신 기술을 겸비한 하이테크 주택일수록 전기 의존도가 높다. 정전 때 무엇을 사용하고 무엇을 사용할 수 없는지 알아두자.

엘리베이터, 주차 빌딩, 자동문.

가스, 수도는 정전으로 멈출 가능성이 있다.

라디오는 건전지를 준비하고, 휴대전화는 항상 충전한다.

PC의 데이터는 자주 저장한다.

더위와 추위에도 미리 대비하자.

페트병 보온 주머니

얼려놓은 페트병

불빛이 있으면 든든하겠지만

불을 다룰 때는 주의한다.

차가워~

제3장 재해 피해, 그 후

3 철저한 절전 방법

비데 코드는 뽑아 두자.

힘들다면 뚜껑을 덮어두는 것만으로도 절전이 된다.

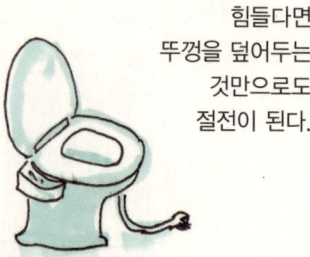

전기포트의 보온 기능은 사용하지 않는다.

끓인 물을 보온병에 담는다.

소비 전력을 고려하여 보충한다

사용하지 않는 방의 불은 끄고 주전원을 빼다. 특히 열이 발생하기 쉬운 가전은 최대전력 사용시간대를 피하여 사용하자. 예를 들어, 추운 겨울에는 두꺼운 옷을 입고, 각로(脚爐, 코타츠) 이불을 한 장 더 준비한다. TV를 절전모드로 하고, 압력솥을 사용하여 요리 시간을 줄이고, 냉장고 문의 여닫는 횟수를 줄인다. 건조기, 식기세척기도 꺼놓자. 밤에는 일찍 자는 등 ==게임 등으로 절전 아이디어를 가족과 함께 의논해 보는 것도 좋다.==

저녁부터 밤의 전력 소비가 심한 시간대를 피해 밥을 해놓고

보온 기능은 사용하지 않는다.

가족 모두 한 방에서 단란하게 이불을 덮고 있자.

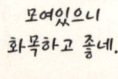

모여있으니 화목하고 좋네.

태양광 전등

태양광으로 충전하고 8시간 점등! 전구 부분만 빼서 사용할 수 있는 것도 있다.

헤드라이트와 야광 팔찌를 활용하자 3

정전 시에는 안전이 제일 우선이다

정전에 익숙해질 무렵이 가장 위험하다고 한다. 발이 걸려서 다친다거나 촛불을 넘어뜨려 화재가 날 수도 있다. 정전이 되었을 때는 기본적으로 자는 것이 제일이다. 화장실에 갈 때는 헤드라이트를 착용하고 가도록 하자.

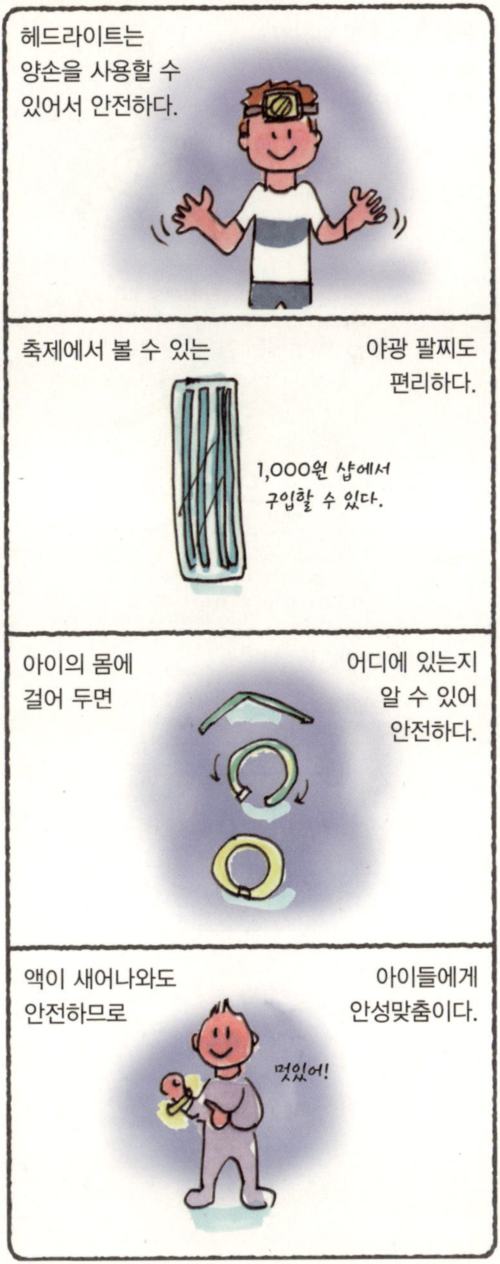

헤드라이트는 양손을 사용할 수 있어서 안전하다.

축제에서 볼 수 있는

야광 팔찌도 편리하다.

1,000원 샵에서 구입할 수 있다.

아이의 몸에 걸어 두면

어디에 있는지 알 수 있어 안전하다.

야광 장난감을 활용

손전등에 비닐봉지를 씌우면 간접 조명 효과를 낼 수 있다.

액이 새어나와도 안전하므로

아이들에게 안성맞춤이다.

멋있어!

제3장 재해 피해, 그 후

3. 빛을 밝히고 마음에 불을 켜자

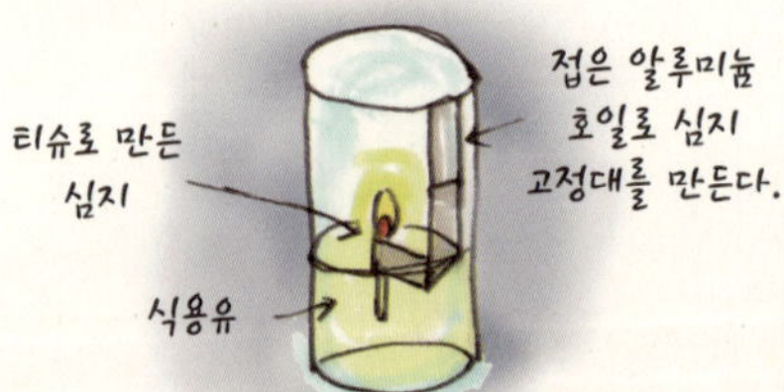

비상시 불빛은 물건의 위치를 확인하기 위한 것이다

현대인은 어둠에 익숙하지 않다. 손전등을 사용하고 초를 사용하면 어두워서 놀랄 것이다. 초나 수제 램프의 밝기로는 책을 읽을 수 없다. <mark>초의 밝기는 '여기에 테이블이 있다', '책장이 있다'고 판단하는 정도로 사용한다</mark>고 생각하자. 또한, 비상시에 불을 사용할 때는 신중하게 다루자!

등불과 비슷한 밝기의 티슈 심지와 접시 2개로 만드는 간단한 등
- 그을음이 나지 않도록 심을 짧게 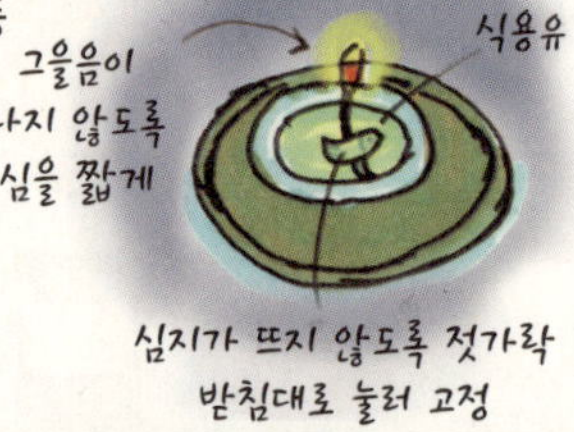
- 식용유
- 심지가 뜨지 않도록 젓가락 받침대로 눌러 고정

못으로 구멍을 뚫어 만든 참치 캔 램프
- 구멍에 심지를 넣으면 완성 
- OO참치
- 참치 캔 하나로 4시간 사용 가능

빈 깡통으로 만드는 랜턴
- 반사되어 밝다. 

알루미늄 호일과 컵을 이용해 만들 수 있다.
- 티슈로 만든 심지
- 접은 알루미늄 호일로 심지 고정대를 만든다.
- 식용유

컵이 넘어져도 화재가 나지는 않지만 만일을 위해 미리 쟁반 위에 올려두자.

냉장고 정전 대책 3

냉장고는 큰 아이스박스

냉장고는 문을 열 때마다 냉기가 빠져나가고 전력을 사용한다. 정전 중이라도 몇 시간 문을 열지 않으면 냉장고 속 식품의 품질은 유지될 것이다. 또한, 얼린 페트병은 보냉제도 되고 내용물이 녹으면 음료로도 사용할 수 있어서 평소에 준비해두는 것이 좋다.

페트병 속의 음료를 단단히 얼리기 위해서는 2일 정도 걸린다. 정전 중에 가족이 습관적으로 냉장고를 여는 것을 방지하기 위해 냉장고 문에 메모를 붙여 두자.

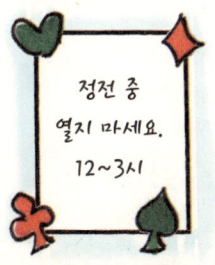
정전 중
열지 마세요.
12~3시

- 평소에 냉동실에 물을 넣어 얼린 페트병을 준비한다. 
- 정전 중에는 냉장고를 열지 말고 아이스박스를 활용하자. 
- 그리고 좀 더 궁리해서 보냉 커튼을 붙이자. 
- 자주 사용하는 것을 한곳에 모아 꺼내기 쉽게 해둔다. 평소의 정리정돈

제3장 재해 피해, 그 후

3. 전기를 사용할 때는 시간차를 활용하자

겨울의 최대전력 사용시간은 아침과 저녁.

난방과 취사에 전력이 사용된다.

여름의 최대전력 사용시간은 낮과 저녁.

에어컨과 취사에 전력이 사용된다.

전력을 사용하는 다리미질이나

과자 만들기 등은 심야에 하자.

나 홀로 서머타임

일찍 출근하여 야근을 하지 않는 것도 방법이다.

비상사태 시 절전의 마음가짐

사회 전반적인 절전 대책으로 공장 기기의 가동 시간이나 각 기업의 휴일 등을 다르게 하는 방법이 있지만, 개인이 할 수 있는 시간차 절전도 있다.

예를 들어, 아이들의 여름방학 기간에는 최대전력 사용시간대에 도서관 등에서 보내거나 친구들과 만나서 숙제를 하는 것도 좋다. 스페인처럼 시에스타(낮잠 제도)를 도입하는 것은 어떨까? 건강도 좋아지고 동시에 절전도 되어 일석이조이다.

낮잠 제도 도입!

갈대발에 물 뿌리기로 시원한 바람을 넣자 ③

더위 대책을 겸한 절전 방법

물에 적셔 차갑게 한 수건이나 보냉제를 넣은 손수건, 기능성 천 등 다양한 친환경 상품이 있다. 또한, 옛날부터 전해져 오는 갈대발도 인기가 있다. 갈대발 전체에 물을 뿌리고 선풍기를 돌리는 것만으로도 시원해진다.
저녁에 귀가해서 에어컨을 켜기 전에 시도해 보자. 물론 그 물은 목욕물이나 방재용 보존수(자신이 매일 바꿔 넣고 있는 수돗물. p.23~24 참조)를 사용하자.

기능성 손수건
보냉제가 들어간 반다나
보냉제

식물로 만든 가림막
갈대발

물 뿌리기

에어컨 실외기에 직사광선이 들지 않게 하는 것만으로도 절전 효과가 있다!

풍경 소리를 들으며 시원한 느낌을 느껴보자!

3 겨울 절전은 따뜻함을 놓치지 않는 것

창문은 이중창으로 단열 시트를 붙인다.

두꺼운 커튼을 이중으로 한다.

난방장치는 창가에 둔다.

에어컨 필터는 자주 청소한다.

전기장판 밑에는 단열 시트를 깔고

이불을 이중으로 덮어둔다.

두꺼운 옷을 입고 온기가 새지 않도록 한다.

따뜻해~

평소 습관화 해둔다

추위를 차단하고 열을 놓치지 않는 것이 절전이다. 전기를 사용하지 않는 보온 팩 주머니는 침상 전용이 아니라 낮에도 발 주변을 따뜻하게 할 때 사용한다. 또한, 가끔 몸을 움직여 몸속부터 따뜻하게 하자.

제 4 장

비상시 유용한 아이디어

평소에 쓰는 도구를
활용하기

페트병 뚜껑이 샤워기로 변신! 4

물을 충분히 사용할 수 없는 때를 대비한다

저수탱크에 펌프로 물을 끌어올리는 아파트, 상수도 가압으로 전동 펌프를 이용하는 지역은 재해 시에 정전의 영향으로 단수가 될 가능성이 있다. 이 페트병 샤워로 음료 이외의 물을 최대한 아낄 수 있다.
마시는 물 외에도 생활용수가 필요하니 집에서도 물을 준비해 놓자(p.25~26 참조). 또한, 욕조에 들어가지 않는 날에는 족욕이나 물수건을 활용해도 좋다.

따뜻해~

42°C 따뜻한 물에 15~20분

페트병 뚜껑에 압정으로 구멍을 낸다.

간단히 뚫린다.

귀중한 물을 적당한 양으로 조절할 수 있다. 손 씻기나

아기 엉덩이를 씻길 때 사용할 수 있다.

구멍의 수를 늘리면 간단한 샤워기로 사용 할 수 있다.

얼굴만 씻기

4 페트병으로 만드는 파리잡기 도구

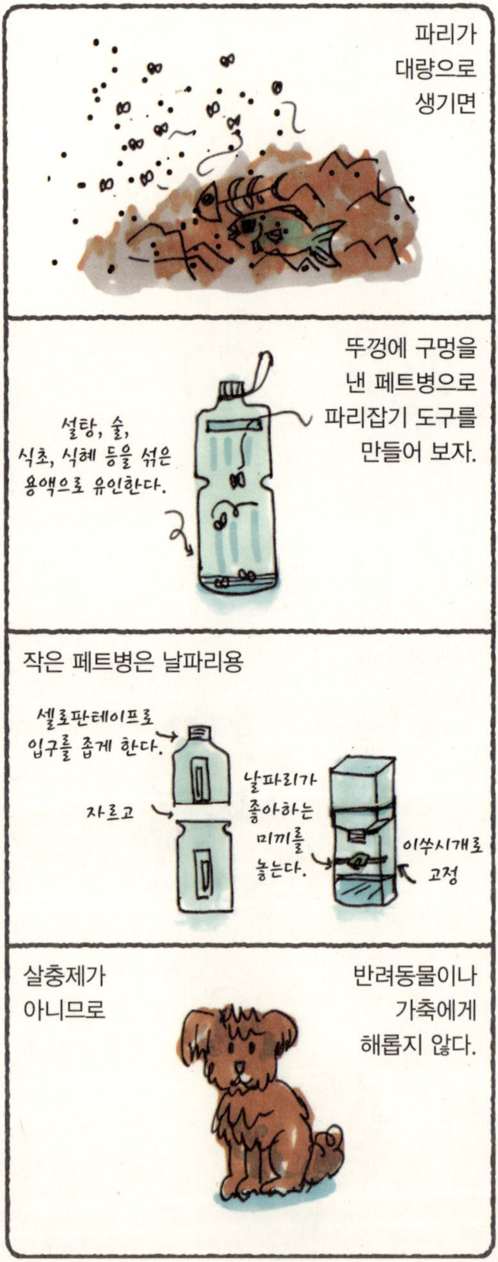

파리가 대량으로 생기면

뚜껑에 구멍을 낸 페트병으로 파리잡기 도구를 만들어 보자.

설탕, 술, 식초, 식혜 등을 섞은 용액으로 유인한다.

작은 페트병은 날파리용

셀로판테이프로 입구를 좁게 한다.

자르고

날파리가 좋아하는 미끼를 놓는다.

이쑤시개로 고정

살충제가 아니므로

반려동물이나 가축에게 해롭지 않다.

술 등의 발효성분으로 먹이를 만들면 효과적이다

식초나 술 냄새를 따라 들어온 파리가 나오지 못하고 페트병 속에 잡히는 간단한 구조이다. 파리가 대량으로 생겼을 때 하루만 놔둬도 페트병 반 정도의 파리가 잡힌다고 한다.

먹이로 사용하는 용액은 각자 생각해 보자. 입구는 파리가 나올 수 없도록 작게 만든다. 또한, 용액에 소량의 세제를 섞으면 떨어진 파리가 계면활성제(세제)에 의해 빠져죽게 된다. 단, 파리의 발생 원인을 차단하지 않으면 해결되지 않는다.

바나나 껍질은 날파리가 잘 꼬인다.

4 페트병으로 보온 주머니를 만들자

양말과 페트병으로 간단하게 만들 수 있다

페트병은 크게 두 가지로 나뉜다. HOT용과 COLD용이다. 따뜻한 음료는 HOT용 페트병으로 판매되고 뚜껑이 주황색인 것이 특징이다. HOT용 페트병은 내열용으로 만들어져 있어 보온 주머니용으로 적합하다. COLD용 페트병에 뜨거운 물을 넣어도 용기가 녹지는 않지만, 가볍고 얇은 소재로 만들어진 것은 피하는 것이 좋다.

약간 뜨거운 물을 페트병에 넣는다.

페트병을 양말 안에 넣는다. 2개를 겹친다. 양말 개수로 온도를 조절한다.

양말 입구를 묶으면 완성. 묶는다.

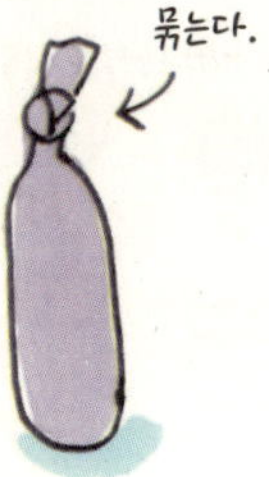

미리 이불에 넣어두면 아침까지 따끈따끈하다.

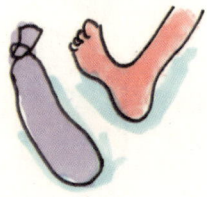

저온 화상에 주의!

제4장 비상시 유용한 아이디어

4. 아낌없이 사용할 수 있는 신문지 활용하기

방한이나
배에 두르면 따뜻하다.

습기 차단
지면의 습기, 냉기를 막아준다.
돗자리
신문지

냄새 제거
수제 화장실로 이용 가능
사용한 기저귀를 감싼다.

그 외 많은 용도가 있다.
골절 시 부목으로 활용
장난감 칼

신문지는 평소에 확보해 두자

신문지는 복사용지와는 달리 표면에 코팅 가공이 되어 있지 않아서 흡습·탈취 기능이 뛰어나다. 그리고 잉크에 포함된 유분이 물과 만나면 계면활성제 역할을 해서 옛날에는 벌레를 막는 데도 이용되었다.

또한, 평소 청소에도 활용할 수 있다. 예를 들어 신문지를 뭉쳐서 유리창을 닦으면 깨끗해진다. 이처럼 신문지는 다양한 용도로 활용할 수 있다.

휴지통 바닥에 깔아서 냄새 없애기
오물이 고이지 않아요.

랩을 다양하게 활용하기 4

붕대와 스펀지를 대신한다!

랩의 용도는 다양하다. 랩을 구겨서 뭉치면 스펀지가 된다. 또한, 붕대가 없을 때 붕대 대신 사용해도 되고 붕대 위에 랩을 감으면 비 등의 물로부터 보호할 수 있다.

랩은 만능이다.

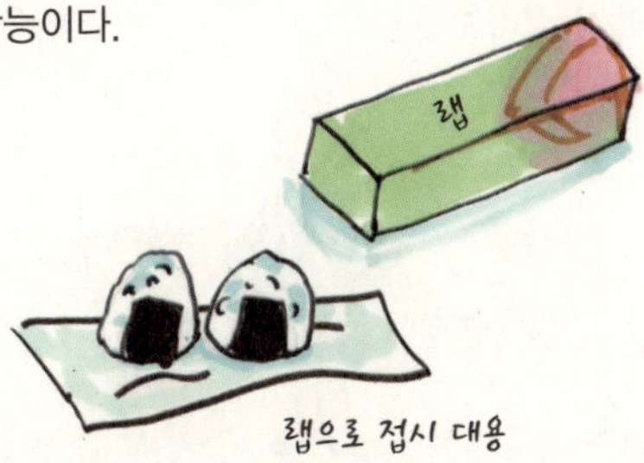

랩으로 접시 대용

접시를 감싸서 / 음식을 그 위에 얹은 후 나중에 랩만 버리면 된다.

붕대를 대신하거나

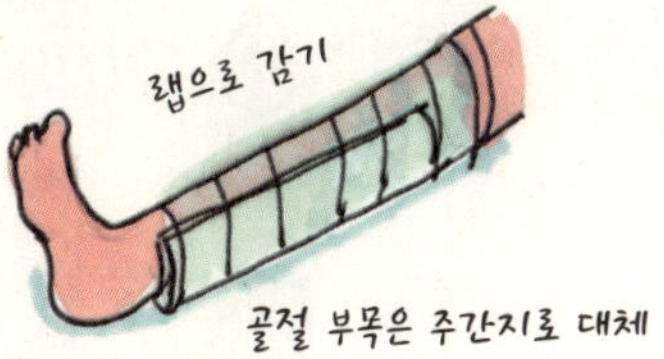

랩으로 감기

골절 부목은 주간지로 대체

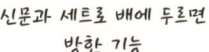
신문과 세트로 배에 두르면 방한 기능

귀마개나 끈으로도 만들 수 있다.

매듭 2개로 귀마개 완성

꼬면 끈이 된다.

제4장 비상시 유용한 아이디어

4 다양하게 활용할 수 있는 팬티스타킹

집에서 찾아보면 하나씩 있는 팬티스타킹

방한용으로 바지 안에 입으면 좋다.

정말 따뜻해

상의로도 활용할 수 있다.

잘라낸다.

이것도 따뜻해

팔에 부상을 입었을 때 매달 수도 있다.

늘어나므로 사용하기 편하다.

머리 부상 시 붕대 대용으로도 가능하다.

부피가 크지 않아 휴대하기 편리하다

신축성 있는 팬티스타킹은 일상 생활에서도 유용하지만 비상 시 대피생활에서도 크게 활약한다.

스타킹 안에 귀중품을 넣어 배에 두르면 잃어버릴 염려가 없다. 신축성을 이용하여 대피소에서 자신의 물건을 엮어두거나 지급받은 침구를 정리하는 끈으로 이용하기에도 좋다. 로프와 달리 묶으면 잘 풀어지지 않고, 반대로 풀기 쉬워서 고령자도 이용하기 쉽다. 물론 올이 풀린 팬티스타킹도 상관없다.

이불을 묶어서 쿠션으로 활용

옛날부터 만능인 광목 수건 4

손빨래가 가능하고 잘 마르는 광목 수건

광목 수건은 양 끝이 잘려진 채로 되어 있다. 그래서 찢기 쉽고 빨리 마른다. 사극에서 짚신 끈이 끊어져 곤란한 여성에게 남성이 자신의 수건을 이로 찢어서 끈 모양으로 만들어 짚신 끈을 고쳐주는 장면을 본 적이 있을 것이다.

수건은 쉽게 마르고 잘 찢어지는 소재로 비상 시 유용하다. 손빨래를 해야 하는 대피소 생활에도 편리하다.

광목 수건은 / 잘려진 그대로

찢어서 끈 형태로 / 붕대나 끈으로 사용할 수 있다.

벤 다리를 고정할 수도 있다. / 면직물은 미끄러지거나 풀리지 않아서 좋다.

얇아서 빨리 마르는 것도 편리하다.

비상용 배낭에 넣어둔다.

제4장 비상시 유용한 아이디어 141

4 티끌과 먼지로부터 지켜주는 비옷

지진으로 집이 무너지면서 분진이 날린다.

폐기물을 처리할 때도 먼지가 날린다.

비옷은 비, 바람, 먼지를 막아줄 뿐 아니라

추위도 막아준다.

먼지와 석면으로부터 몸을 보호한다

지진으로 무너진 건물에서는 파편과 먼지가 흩날린다. 해일이나 비에 젖어 있던 폐기물도 마르면 먼지가 흩날린다. 사람이 움직이고 철거 작업이 시작되면 더욱더 흩날릴 것이다. 오래된 건물에는 석면도 흩날리므로 주의해야 한다. 이럴 때는 비바람이 통하지 않는 비옷을 활용해 보자. 세탁을 할 수 없는 피해 지역에서는 옷을 더럽히지 않아 편리하다.

건물 잔해물 속에는 석면도 많다. 반드시 방진 마스크를 착용한다.

긴급 상황 시 간이 생리대 만들기 4

천과 테이프로 만들 수 있다

언제든 때가 되면 생리를 한다. 동일본 대지진 때도 긴급하게 필요한 지원물자 중 하나였다. 또한, 부상을 당했을 때 수제 생리대를 상처에 대고 그 위에 붕대를 감으면 지혈에도 효과가 있다.

염증을 방지하기 위해 깨끗한 코튼 소재를 준비한다.

종이, 헝겊 등 흡수성이 있는 소재를 안에 넣는다.

심으로 해서 감는다.

다 감으면 접착테이프로 고정하여

접착테이프 면을 아래로 해서 사용한다.

속옷에 혈액이 스며드는 것을 방지한다.

주변에 있는 물건을 활용

분해하고 씻으면 재사용도 가능하지만

비뚤어지지 않도록 가장자리를 고정해도 된다.

감염을 막기 위해 한번 쓰고 버리는 것이 좋다.

제4장 비상시 유용한 아이디어

4. 집에 있는 물건들로 침낭 만들기

집에 있는 물건들로 침낭을 만들어 보자.

- 비닐봉지
- 돗자리
- 스티로폼
- 신문지
- 종이상자
- 끈

돗자리의 양쪽 끝을 한데 모아 끈으로 묶는다.

담요가 있다면 안에 넣는다.

지면과 바닥에서 올라오는 냉기를 종이상자, 스티로폼 등으로 막는다.

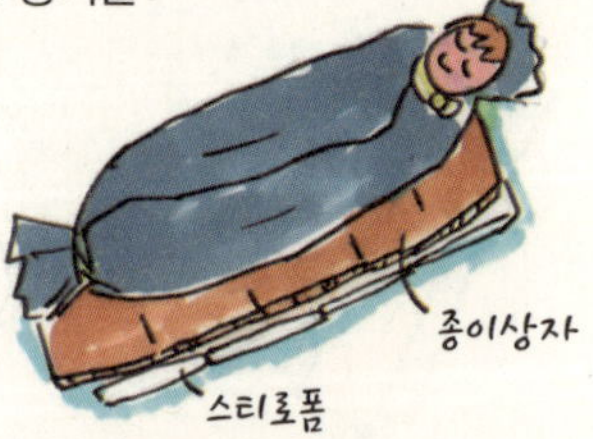

종이상자
스티로폼

신문지와 비닐봉지로도 추위를 막을 수 있다.

신문지를 넣은 비닐봉지

어쩔 수 없이 노숙해야 할 때도 안심!

스티로폼 상자를 분해하고 종이상자를 겹쳐서 지면이나 바닥의 딱딱함과 추위로부터 몸을 지킨다. 신문지나 의류로 공기층을 만들고 돗자리로 외부를 감싸서 바람을 피한다. 이렇게 만든 침낭 속의 따뜻해진 공기가 빠져나가지 않도록 어깨 주변을 덮어주는 것도 중요하다.

돗자리가 없을 때는 비닐봉지에 신문지를 넣어서 그 속에 발을 넣고 이불을 대신할 수도 있다.

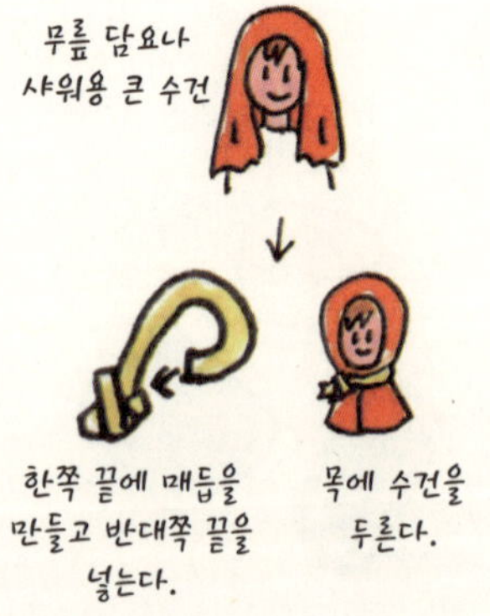

무릎 담요나 샤워용 큰 수건

한쪽 끝에 매듭을 만들고 반대쪽 끝을 넣는다.

목에 수건을 두른다.

데님재킷으로 아기띠 만들기 ◀ 4

데님재킷은 75kg까지 견딜 수 있다

데님 소재는 마차 덮개로도 쓰였을 만큼 튼튼한 원단이 특징이다. 사용하는 단추도 금속재질로 잘 떨어지지 않는다. ==아기띠로 사용할 경우 금속 단추가 단단히 고정되어 있어야 한다.== 사용하기 전에 금속 단추가 단단하게 붙어 있는지 확인한다. 데님재킷의 사이즈와 엄마, 아기의 신장과 체격에 따라 달라지므로 주의해서 시도해야 한다. 또한, 빠지기 쉬운 스냅 단추 등의 데님재킷은 아기띠로 사용하기에 적합하지 않으므로 주의한다.

단추가 단단하게 붙어 있고 데님이 두꺼운 것

- 한쪽의 소매 단추를 떼어 다른 쪽 소매와 연결한다. 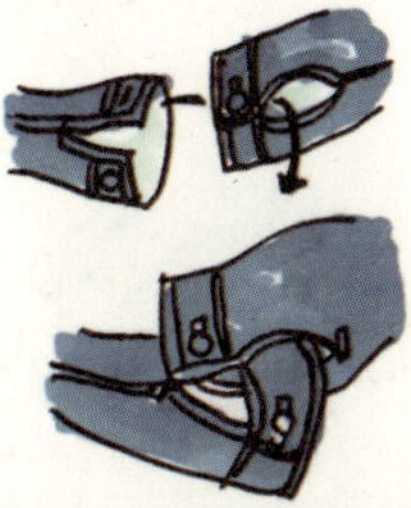
- 옷자락을 허리에 두르고 가장 아래쪽 단추를 등 뒤에서 잠근다. 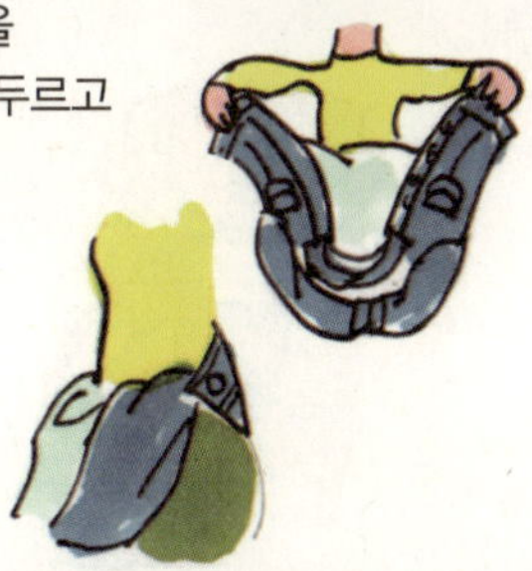
- 연결한 소매를 목에 걸면 캥거루 주머니가 완성. 
- 아기를 안으면 아기띠 완성!

제4장 비상시 유용한 아이디어

4 앞치마로 아기 의자 만들기

앞치마를
의자에 걸고

아기를 앉힌 뒤
끈을 양쪽으로
통과시킨다.

의자 뒤에서
끈을 묶는다.

아기가 어느 정도는
날뛰어도 괜찮다.

앞치마로 안전벨트 완성

대피소에는 아기용 의자가 따로 없다. 하지만 움직이는 아기를 일반 크기의 의자에 앉히는 것은 위험하다. 아기용 의자가 없을 때는 앞치마 한 장만 있으면 안전벨트로 활용할 수 있다. 단, 아기에 따라 떼를 쓰며 격렬하게 움직이면 위험하므로 눈을 떼지 말자.
외출 시 아기용 의자가 없는 경우에도 요긴하다.

앞치마 한 장으로 해결!

긴급 시 아기 기저귀 만들기 4

비닐봉지와 수건으로 간이 기저귀 완성

마트나 약국이 문을 닫아도 아기 기저귀는 필요하다. 재해 시 기저귀가 없을 경우에는 주변에서 손쉽게 구할 수 있는 물건으로 대체해 보자.
기저귀로 사용할 재료가 없을 때는 주위사람들에게 계속 도움을 청해 보자. 어린이는 사회의 재산이므로 모두 협력해 줄 것이다.

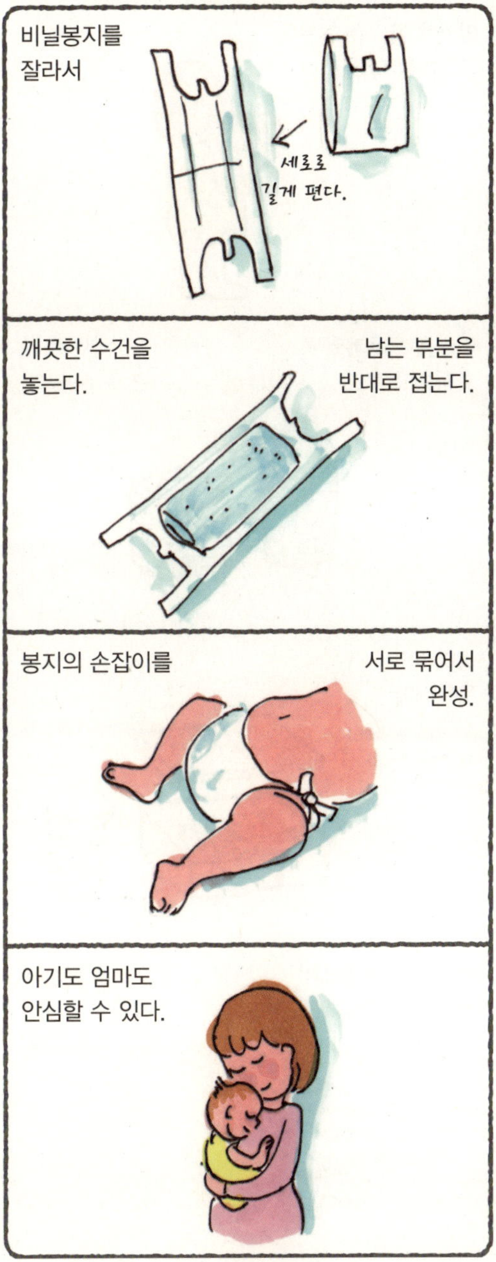

비닐봉지를 잘라서 ← 세로로 길게 편다.

깨끗한 수건을 놓는다.   남는 부분을 반대로 접는다.

봉지의 손잡이를   서로 묶어서 완성.

아기도 엄마도 안심할 수 있다.

비닐봉지를 아기의 크기에 맞춰 기저귀 스타일로

제4장 비상시 유용한 아이디어 147

4 아기용 물티슈 직접 만들어 보기

아기용 물티슈 여분이
다 떨어졌다면……

화장솜과
아기용 목욕제로
물티슈 완성!

기저귀로 인해 발진이 생긴 피부에는 목욕제가 효과적이다. 또 엉덩이에 묻은 분비물을 닦아줄 때도 수분이 많은 수제 물티슈로 물기를 제거하여 간단하게 닦을 수 있다.

녹는 목욕제는 아주 적은 양으로도 충분하므로 너무 많이 넣지 않도록 한다. ==뚜껑이 있는 용기에 사용할 양만큼만 만들어서 사용하자.==

아기용 목욕제와
화장솜으로

간단하게
만들 수 있다.

물에 녹인
목욕제에
화장솜을 담가
용기에 보관.

물기가 나올 정도가
사용하기 편하다.

하루 분량씩
아침에 만들어
그날 소진한다.

겨울에는 차갑지 않도록
손으로 데워서 사용한다.

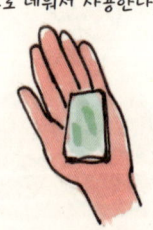

비상시 도움이 되는 '액상분유' 4

엄마의 부담을 줄여주는 든든한 아군

서양에서는 '액상분유'를 일반적으로 판매하고 있다. 사용할 때 위생적인 물과 용기를 따로 소독하지 않아도 되어 대규모 재해가 발생할 때마다 일본 내에서의 판매를 요구하는 소리가 높았는데, 드디어 법률의 정비에 의해 제조·판매가 실현되었다. 재해 시뿐만 아니라 외출했을 때나 심야의 수유에도 요긴할 것이다.

훗카이도 부리 동부 지진 때 지원된 물자 중에 '액상분유'가 있었다.

긴급 수입

모처럼의 지원물품이었지만 일본 내에서 사용한 사례가 없다는 이유로

훗카이도에서는 배부되지 않았다.

구마모토에서는 잘 활용했었는데…

익숙하지 않아 오해도 있었지만

드디어 '액상분유'가 판매된다.

한밤중에 수유할 때 편리하겠어.

종이팩에 들어 있고 6개월간 상온 보존할 수 있다!

유용하겠군!

재해용으로 비축 계획을 세운 지자체도 있다.

제4장 비상시 유용한 아이디어 149

간단한 요리로 재해 극복하기

우유팩으로 숟가락 만들기 4

우유팩은 어디에든 활용할 수 있는 훌륭한 물건!

재해 지역에서 제공되는 요리를 나눌 때 젓가락이나 숟가락이 없다면 곤란하다. 우유팩은 물에 강하고 가공하기 쉬운 소재이다.

가로로 자르면 컵이 되고 세로로 자르면 접시도 된다. 전체를 펴서 자르면 도마 대용으로도 쓸 수 있다.

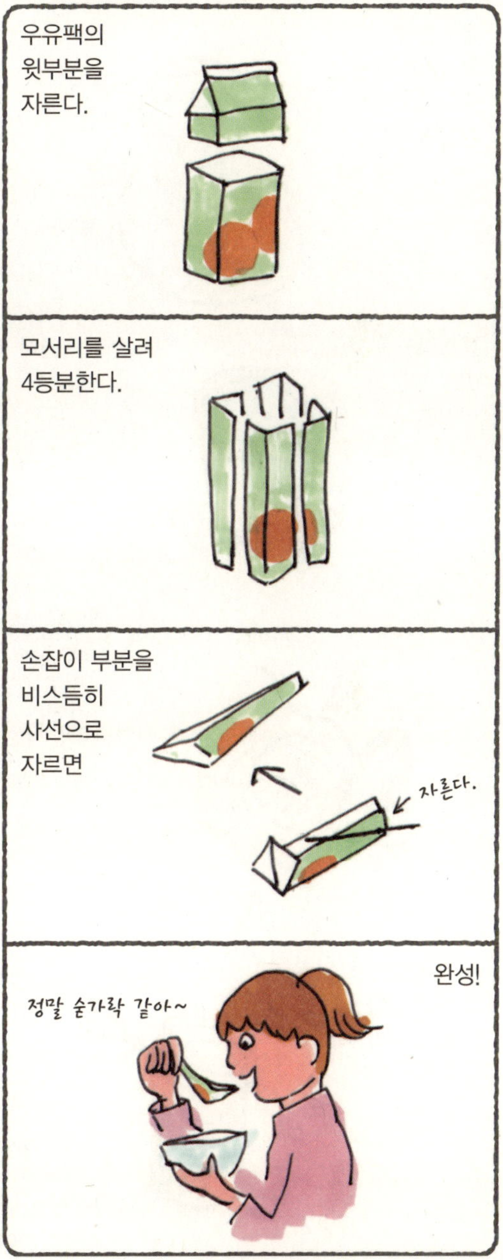

우유팩의 윗부분을 자른다.

모서리를 살려 4등분한다.

손잡이 부분을 비스듬히 사선으로 자르면

자른다.

완성!

정말 숟가락 같아~

세척한 뒤 접어서 가지고 다닐 수 있다.

제4장 비상시 유용한 아이디어

4 깡통 따개 없이 **통조림을 여는** 방법

통조림을 콘크리트에 원을 그리듯이 문질러 준다.

박박~

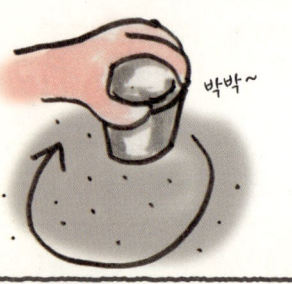

테두리 결합 부분을 깎아내는 것이 포인트!

통조림은 구조상 테두리의 접합 부분을 깎으면 열 수 있다. 요철이 있는 단단한 콘크리트나 아스팔트가 캔의 접합 부분을 깎아준다.
이렇게 하면 힘없는 여성이나 아이도 손쉽게 통조림을 열 수 있다.

통조림의 접합 부분이 깎이면

안의 국물이 나온다.

딱

캔을 잡고 찌그러뜨리듯이 힘을 가하면 열린다.

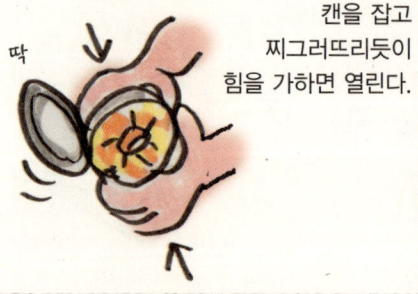

열기 힘든 경우에는 숟가락 손잡이 등을 사용해 열면 된다.

뚜껑을 딸 때 모래가 들어가지 않도록 주의!

아이디어가 빛나는 요리 도구 4

간결하고 편리한 요리도구를 사용한다

재료를 다질 때는 강판이나 채 칼을 이용하자. 칼 대신에 주방용 가위, 얇게 썰 때는 필러를 사용하면 편리하다. 우물물 등 바로 마실 수 없는 생활용수는 찜 요리에 이용하는 것이 좋다. 비닐봉지에 식재료를 넣어 꽉 묶고 냄비에 담은 후 끓인 생활용수를 부어 찜요리를 할 수 있다. 크고 작은 비닐봉지를 준비해 두면 여러 가지로 사용할 수 있어 편리하다.

긴급 시에 귀중한 물, 많은 양의 물을 필요로 하는 도마나 칼은 사용하지 않는다.

주방용 가위 / 강판 / 필러 / 채칼

요리도구를 활용해보자.

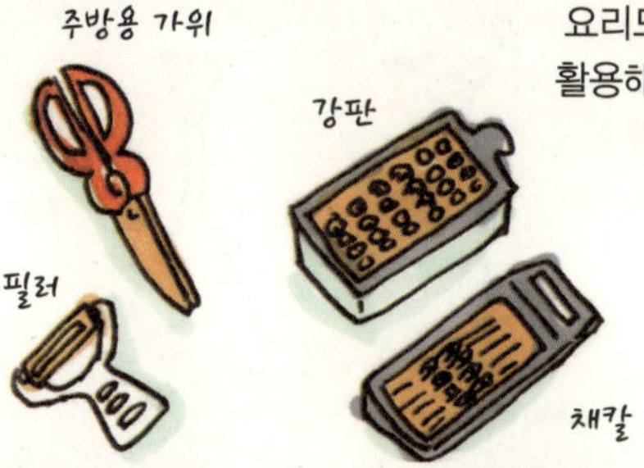

적은 양의 물을 사용하여 씻거나 열탕 소독한다.

찜기를 이용하면 마실 수 없는 물도 활용할 수 있다.

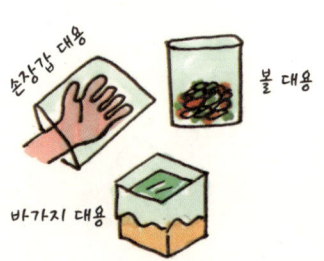

크고 작은 비닐백을 준비해 놓는다.
손장갑 대용 / 볼 대용 / 바가지 대용

제4장 비상시 유용한 아이디어

4 비닐봉지로 밥 짓기

설거지거리를 줄일 방법을 생각하자

주방에 반드시 있는 비닐봉지

물과 쌀을 동량으로 넣어 공기를 빼고 꽉 묶는다.

30분 이상 충분히 불린 뒤 한 봉지 당 15분씩 끓인다.

15분간 팔팔

불을 끄고 남은 열로 10분.

10분 뜸 들인다.

냄비에 밥을 지을 때 타지 않게 하는 것은 어렵다. 또한, 탄 냄비를 세척할 물도 매우 귀중하다. 비상 시에 밥을 할 때는 왼쪽 그림처럼 비닐봉지를 활용해 밥을 하면 간단하다.
밥을 한 물은 수프나 커피를 마시는 데 활용할 수 있다. 그리고 비상시이므로 세척되어 나온 쌀이 아니어도 씻지 말고 밥을 한다. 또한, 쌀의 양에 따라 조리하는 시간이 다르다.

소금을 뿌리면 그대로 주먹밥 완성!

찬밥으로 유통기한 6개월 보존식 만들기

닌자도 전국시대의 무사도 먹었던 '말린 밥'

바싹 말린 밥은 옛날부터 여행의 휴대식으로, 전쟁 때는 비상식으로서 소중히 여겼다. 요즘은 '알파미'라는 이름으로 판매되는 스테디셀러 비상식이다. **건조시킨 밥은 밀폐용기에 넣어두면 반 년 동안은 보존이 가능하다. 찬물에 1시간, 뜨거운 물에 30분 담가두면 밥이 된다.** 물에 불리지 않고 기름에 튀기면 맛있는 '쌀과자'가 된다.

남은 밥을

물에 씻어서 점액을 없앤다.

고운 체 위에서

2일 정도 햇빛에 건조하면 바싹하게 마른다.

체 위에 펼쳐서 건조

장기보존 가능한 '말린 밥' 완성.

이게 바로 알파미!

뜨거운 물이나 물에 넣어두면 밥으로 돌아간다.

하급무사도 꼭 챙기던 즉석밥

4 불을 사용하지 않는 요리 모색하기

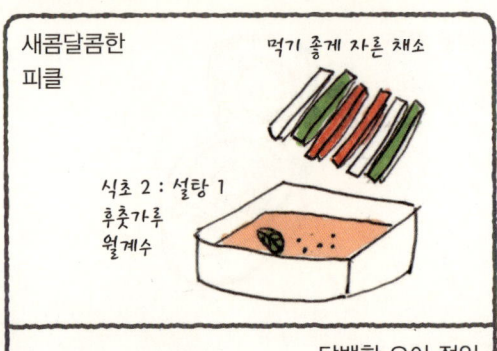

새콤달콤한 피클
먹기 좋게 자른 채소
식초 2 : 설탕 1
후춧가루
월계수

절임 음식이나 통조림을 활용한다

비상시라고 해도 인스턴트 식품만 계속 먹다 보면 채소가 먹고 싶어진다. 이럴 때 채소절임이나 피클 등을 준비해 두면 딱 좋은 '밑반찬'이 되고 비타민 보충도 된다.
통조림을 잘 활용하거나 조미료 활용법을 궁리해 보자. <mark>식중독에 걸리지 않도록 식초를 이용하고, 조리 후에는 바로 먹도록 하자.</mark>

담백한 오이 절임
소금과 다시마 가루를 넣고 버무리기만 하면 완성

매운 고등어 카레
고등어 통조림
카레분말
절인 오이
밥에 얹어서

진한 마요딥
마요네즈
깨소금
겨자
설탕
채소 스틱
간장

다양하게 활용 가능한 캔통조림
콩

참치 캔도 유용하다.

보온 조리 기구 만들기 4

연료도 절약하고 안전하다

보온 조리 기구는 끓인 찌개요리를 보온력을 지속하여 요리할 수 있는 기구이다. 불을 계속 켜놓지 않아도 되어 안전하고, 조림 등 요리 재료가 망가지지 않아 맛있게 만들 수 있다.

그러나 보온 조리 기구는 냉장고 대신으로 사용할 수는 없다. 깜빡해서 하룻밤 방치하는 동안 음식이 상하지 않도록 주의하자.

연료가 귀중한 대피 생활

두꺼운 목욕수건, 모포
종이박스
한장씩 손으로 뭉친 신문지를 깐다.

끓인 냄비를

식재료나 메뉴에 따라 다르지만 5~10분

보온 조리 기구에 쏙 넣는다.

목욕수건의 끝을 조금 접고 그 위에 모포 등을 덮는다.

수건 등으로 덮고 
국물은 증발되지 않으므로 간은 진하게
30분 정도 가열한다.

스티로폼 상자를 사용하면 더욱 효과적이다.

제4장 비상시 유용한 아이디어

4 알루미늄 캔으로 난로 만들기

재료는 집에 있는 것들을 활용

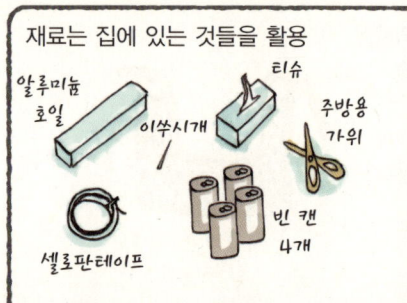

심지를 알루미늄 호일에 꽂는다.

이쑤시개로 구멍 뚫기

3mm 나오게

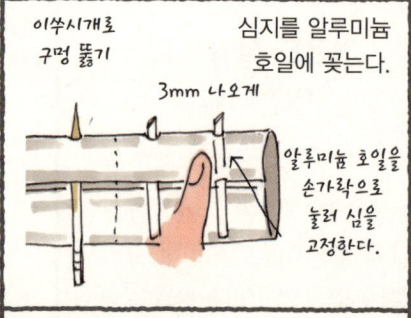

알루미늄 호일을 손가락으로 눌러 심을 고정한다.

심지 만들기

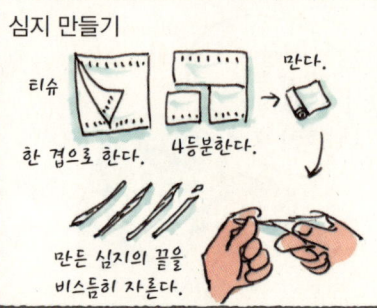

난로 본체 만들기

스틸 캔이 아닌 가공하기 쉬운 알루미늄 캔을 사용한다.

알루미늄 호일로 심지대 만들기

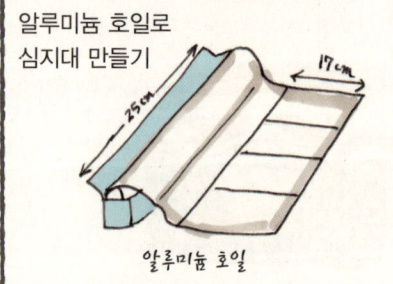

길이를 재서 표시해 둔다.

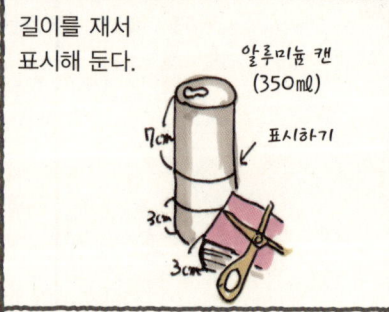

표시에 따라 자른다.

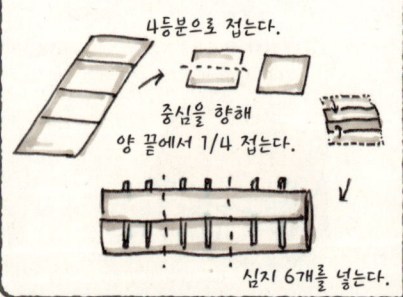

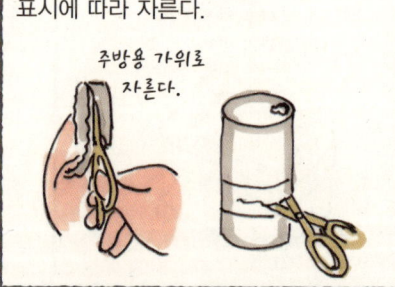

삼발이 3개, 계량컵 1개, 화로 3개 7cm / 5cm / 3cm 수납할 때 편리하도록 잘라둔다. 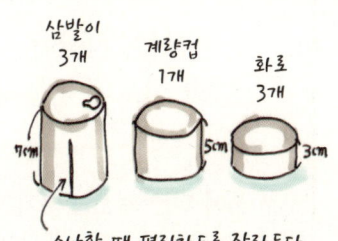	냄비 뚜껑 위에 즉석식품 데우기 
난로 화구 만들기 식용유 	40분이면 밥을 지을 수 있다. 카레, 소고기덮밥, 주먹밥 
계량컵으로 물과 쌀을 측량 쌀 ×3 물 ×4 금속제 쟁반 삼발이와 화구를 맞추고 쌀은 씻지 않고 넣는다.	겹쳐서 수납할 수 있다. 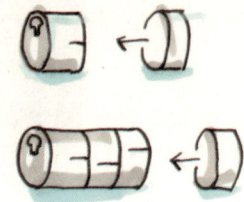
알루미늄 호일로 만든 바람막이 불 확인 구멍 잘라서 셀로판테이프로 양면으로 붙이기 	휘발성이 높은 기름을 사용하면 위험하다! 가솔린이나 석유는 절대 사용하지 않는다. 안 돼!  ※식용유는 360℃가 되지 않으면 불이 붙지 않는다.

제4장 비상시 유용한 아이디어

4. 음식에서 방사성 물질을 제거하는 방법

방사성 세슘은 물과 식초에 녹는다

시중에 파는 채소와 고기의 안정성이 걱정된다고 계속 가공식품만 먹고 살 수는 없다. 방사성 물질이 염려된다면 씻고 껍질을 벗기고 삶아서 찬물로 헹구고, 소금이나 식초에 절여서 식품의 수분을 빼내는 조리법을 활용해 보자.

생선은 내장을 버리고 잘 씻는다. 쌀은 정미하여 씻는다. 우리가 평소 하고 있는 손질을 좀더 정성을 들여 하는 것이 중요하다.

흐르는 물에 씻어 껍질을 벗긴다.

삶은 후 물은 버린다.

식초에 절인다.

내부 피폭에는 사과의 펙틴 성분이 효과적이다.

펙틴이 방사성 물질을 감싸서 몸 밖으로 배출해 준다.

사과잼

체르노빌 방사능과 영양

※ 출처: '체르노빌 방사능과 영양' (실업공보사)

제 5 장

비상시 위생과
멘탈 관리법

재해 시 화장실은
굳혀서 휴지통에

화장실 문제 해결법

화장실도 하수관도 피해를 입는다! 5

화장실에서 오수가 넘쳐나기도!

큰 지진을 비롯한 재해가 발생한 직후에는 배수관이 정상인지 확인될 때까지 화장실 배수, 부엌의 배수, 목욕물이나 세면대의 배수를 함부로 해서는 안 된다.
아파트 관리 규정에 '진도 ○ 이상은 배수 금지'라고 정해둔 경우도 있다.

제5장 비상시 위생과 멘탈 관리법

5 하수관이 정상인지 확인하는 방법

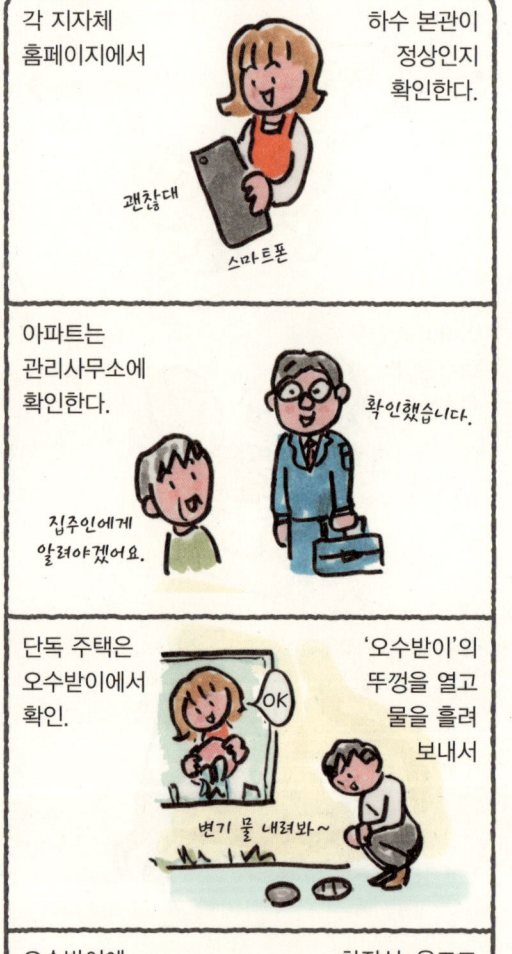

스스로 판단하지 말고 확인해 볼 것

아파트는 관리사무소나 관리조합에 확인해 보자.
단독주택은 '오수받이'에서 확인한다. 오수받이 안에서 물이 흘러나오지 않고 그대로 고인 채 있다면 파손되었을 가능성이 있다. 이런 경우 수리는 지자체 지정업자인 '배수 설비 공사 업체'에 의뢰하지만 비용은 개인 부담이므로 주의하자.

당분간은 하수관이 흐르기 어려울 가능성이 있으므로 화장실 휴지는 흘려보내지 말고 '일반 쓰레기'로 분류해 주세요.

배수의 구조 알아 두기 — 5

개인이 관리할 부분과 시가 관리할 부분을 잘 알아 두자

가정에서 하수 처리장까지 모든 것이 차질 없이 무사하지 않으면 부엌과 세면대의 배수, 화장실 청소는 할 수 없다. 가정의 '오수받이'가 더러워지면 배수구가 막히는 원인이 된다. 정기적으로 점검 및 청소를 하자.

오염된 물은 집 부지 내에 있는 '오수받이'와 연결되어 있다.

오수받이는 배관이 막히는 것을 방지한다. 여기는 개인이 관리한다.

공공 오수받이를 거쳐 하수도관으로 흐른다. 여기는 시가 관리한다.

오수는 흐르고 흘러 하수처리장으로 간다. 여기도 무사하지 않으면 화장실은 이용할 수 없다. 물을 정화한 뒤 강이나 바다로 흘려 보낸다.

작은 맨홀

직경 20cm 정도의 구멍이 많은 가정용 오수받이

제5장 비상시 위생과 멘탈 관리법　165

5 화장실의 '쿨렁거림'과 '배수구 역류'

큰 비가 오면 화장실과 배수구에서 소리와 함께 가스 같은 것이 발생하는 경우가 있다!

무서워~
쿨렁쿨렁

변기에 쌓인 공기가 배수구를 흐르기 어렵게 하는 경우가 있다.

이럴 때는 비닐호스를 이용해

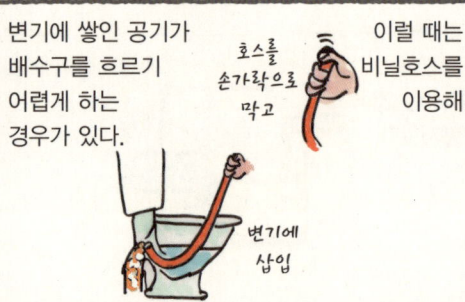

호스를 손가락으로 막고
변기에 삽입

쌓인 공기를 빼면

쿨렁거리는 현상이 해소되어 흐름이 좋아진다.

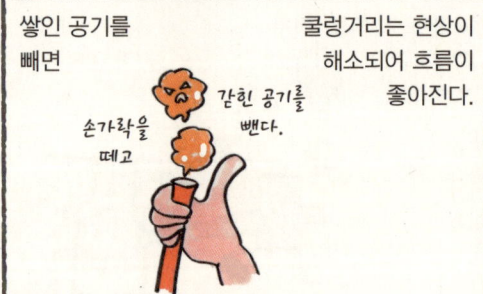

손가락을 떼고
갇힌 공기를 뺀다.

배수가 역류할 것 같은 징후가 있으면 '수제 물주머니'를 변기에 넣고 배수구를 막아 보자.

20ℓ

화장실에서 보내는 신호로 가능한 대책을 세운다

폭우로 인해 오수관에 대량의 빗물이 스며들어 오수관에서 밀려난 공기가 '쿨렁쿨렁' 소리의 정체이다.

쿨렁거리는 현상은 시간이 지나면서 대부분 줄어들지만 예상치 못한 폭우가 계속되면 '배수구 역류'가 발생할 가능성이 있다.

'화장실 물이 잘 안 내려가고 때로 물이 떠밀려 수위가 올라가는' 경우가 있다면 배수 역류에 대비하여 물주머니로 막아 보자.

하수가 역류하면
꺄악~

'재해용 화장실'과 '비상용 화장실'을 알아보자 5

재해용 화장실에 관한 지식을 갖자

평소 자주 볼 수 있는 형태의 간이 화장실은 대변 탱크의 양이 정해져 있어서 사용할 수 있는 사람에 한계가 있다. 맨홀식 화장실은 하수관 맨홀에 직접 연결하므로 대변 탱크 용량에 구애받지 않고 사용할 수 있다. 비상용 화장실은 아기 기저귀처럼 소변이나 대변을 굳혀서 처리하는 구조이다.

맨홀식 재해용 화장실은 하수도관 맨홀에 직접 설치한다. 텐트

이 하수도를 이용한 재해용 화장실은 많은 사람이 이용할 수 있다. 텐트 / 하수도

자주 볼 수 있는 재래식 간이 화장실도 재해용 화장실 중의 하나. 마라톤 대회 등에서 볼 수 있다.

종이상자나 양동이에 배변 봉투를 씌워 볼일을 본 후 응고제로 응고시킨다.

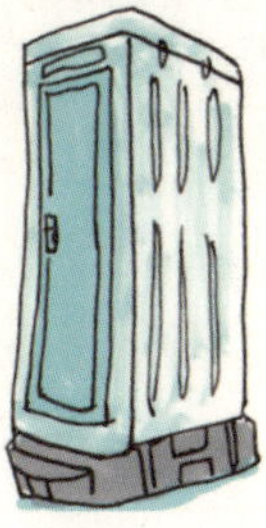

가지고 있으면 안심인 비상용 화장실은 고분자흡수 폴리머와 배변봉투(검은색)가 세트로 되어 있다.

제5장 비상시 위생과 멘탈 관리법

5 집 화장실에 '비상용 화장실'을 설치한다

변기에 고인 물은 '봉수'라고 하며

물이 정말 중요하구나

벌레나 냄새를 방지하는 중요한 역할을 한다.

'봉수' 위에 '큰 비닐봉지'를 씌운다.

어긋나지 않도록 천테이프로 고정. 비닐봉지는 화장실이 복구될 때까지 사용한다.

비닐봉지 위에 배설용 '배변 봉투'를 씌우고 변좌를 내리고 용변을 본 후

사용 방법을 확인하고 응고제로 굳힌다.

배변 봉투만 꺼내어 묶어서 한 장소에 모아두고

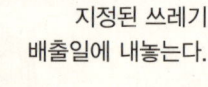

공기를 빼고 묶는다.

지정된 쓰레기 배출일에 내놓는다.

가족에게 필요한 분량만큼 비상용 화장실 준비해 두기

화장실을 사용하지 못할 경우에는 배변용 봉투에 용변을 보고 응고제로 굳힌다. 배변 봉투와 응고제 2개를 세트로 비상용 화장실로 판매하는 곳이 많다. 비상용 화장실은, 예를 들어 4인 가족이라면 7일분 정도 비축하는 것이 좋다. 즉, 4인 가족×4회×7일=112개가 필요하다. 피난소에서도 임시 화장실을 바로 설치할 수는 없으므로 집 화장실을 활용하면 좋다.

신문지와 비닐봉지로 간이 화장실 만들기 5

좀 더 간단한 임시용 화장실

미룰 수 없는 화장실 문제. 그렇다고 공원이나 공공장소에서 볼일을 보거나 오물을 땅에 묻거나 강에 흘려보내서는 안 된다. 변기가 파손되어 임시 화장실이 준비가 안 된 경우에는 대용으로 화장실을 만들자. 기본적으로 배설물을 걷어 비닐봉지에 밀봉한다. 약국에서 구입 가능한 성인용 기저귀, 반려동물용 모래 또는 배변 패드 등 응고제 대신으로 할 수 있는 것도 있다. 세일할 때 사두는 것도 좋다.

비옷으로 가린다.

비닐봉지와 신문지, 양동이, 휴지통으로 임시 화장실 만들기

비닐봉지를 이중으로 씌우고

꾸깃꾸깃 구긴 신문지를 구겨서 넣는다.

안 입는 헌옷으로도 대용할 수 있다.

한두 개 쯤은 있죠!

간호용 기저귀 패드는 방취 효과도 있어 추천한다.

밤새 안심!
소변 패드
24개입

5 마당에 화장실을 만들자

깊이 20cm 정도로 땅을 판다.
파낸 흙
화장지

냄새 대책도 세운다.
볼일을 볼 때마다 흙을 덮는다.
작은 돌을 깔고 나뭇잎으로 덮는다.

합판이나 종이상자로 뚜껑을 만든다.
종이상자로 만든 뚜껑
비닐봉지

가리개도 잊지 말고 설치한다!
사용 중

자신의 집 마당에만 만들기

야외에 화장실을 만들 때는 냄새가 나지 않도록 삼나무 잎을 깔아놓거나 흙을 덮는 등의 궁리를 해보자. 배설물은 시간이 지나면 분해된다.

생리용품 등은 고분자흡수 폴리머가 포함되어 있어서 분해되지 않으므로 별도로 처리하자. 또한, 무심코 파내지 않도록 표시해 둘 것! 물론 집에 마당이 있을 경우에만 해야 한다.

묻은 곳은 표시한다.

다같이 사용하는 화장실은 위생 관리를 철저히! 5

다같이 사용하는 화장실 규칙 만들기

집에서 대피하기가 어려운 경우에는 대피소에 대피하게 된다. 많은 사람들이 사용하는 대피소의 화장실은 아무래도 비위생적이기 쉽다. 전염병과 해충 발생, 용변을 오래 참아 발생하는 건강 피해 등 평소보다 더 위생적인 관리가 필요하다. 대피소에서는 이재민과 행정공무원이 힘을 합쳐 운영한다. 모두가 함께 쓰는 화장실인만큼 힘을 합쳐 깨끗하게 이용하자.

시작이 중요하다.

필수품은 충분히 있는지? — 화장지, 비누, 물티슈, 종이타월, 오물통

청소용 일회용 고무장갑, 마스크, 전용 작업복, 청소 당번표

변기는 한계가 있으므로 비상용 화장실을 위한 휴지통도 구비한다.

종이상자로 만든 휴지통

젖은 바닥에 두는 경우가 있으므로 비닐을 씌워둔다.

사용 규칙을 표시하고 가능하면 영어도 같이 표기하자.

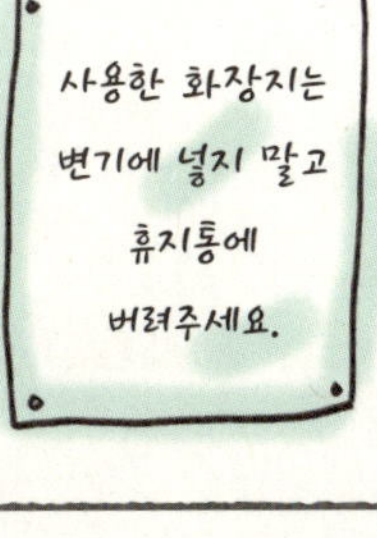

사용한 화장지는 변기에 넣지 말고 휴지통에 버려주세요.

제5장 비상시 위생과 멘탈 관리법

비상시일수록
청결을 유지하기

알아두어야 할 골절 응급처치 5

무리하게 뼈를 맞추려고 하면 신경과 혈관을 손상시킬 수도 있다

환부가 부어 형태나 색깔이 변하거나 움직이거나 만졌을 때 심하게 아프다면 골절일 가능성이 있다. 의심스러운 경우에는 골절이라 판단하고 대처하자. **부목이 될 만한 것을 대고 골절 부위를 확실히 고정하는 것이 중요하다.**

대퇴골 골절 시 처치법

팔 골절 시 처치법

손목 쪽을 위로 향하게 한다.

손가락 골절 시 처치법

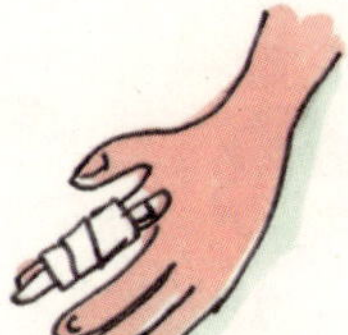

볼펜을 부목으로 활용

부목이 될 만한 것을 찾아보자.

판자, 신문지 만 것, 접는 우산, 잡지

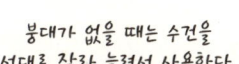

붕대가 없을 때는 수건을 선대로 잘라 늘려서 사용한다.

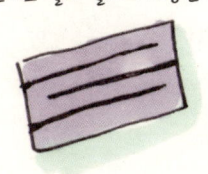

제5장 비상시 위생과 멘탈 관리법

5. 의식이 있는 사람을 옮기는 방법

등에 업을 수 있는 아이는 업는다.

걸을 수 없는 사람을 2명이 옮기는 방법

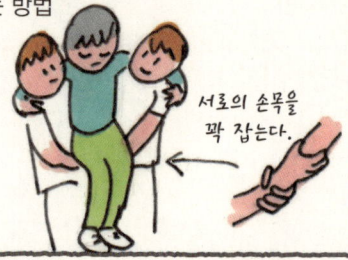

서로의 손목을 꽉 잡는다.

겨드랑이 아래에서 안아서 팔을 잡는다.

개호 현장에서 주로 사용하는 방법

운동복과 빨래건조대를 이용해 들것을 만들 수 있다.

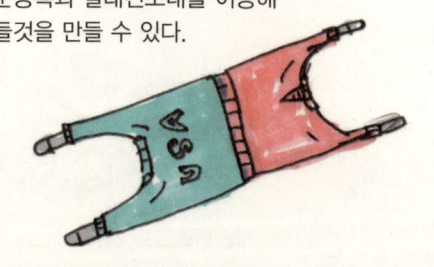

안전하게 옮기는 것이 최우선

사람 한 명을 옮기는 것은 매우 힘든 일이다. 초보자는 위험할 수도 있다. 하지만 비상시에는 빨리 안전한 장소로 옮겨야 할 경우도 있다.

성인을 옮길 때는 2명 이상이 신중하게 옮긴다. 의자에 앉힌 채 2명이 옮기는 방법도 있다. 어려움에 처했을 때는 주변 사람에게 도움을 요청하자.

건강한 사람으로 시험한 후에 사용하자!

앗!

의식이 없는 사람을 옮기는 방법 5

위험한 장소로부터 벗어난다

의식이 없는 부상자를 위험한 장소에서 안전한 장소로 옮길 때에 도움이 된다.

부상자를 움직이거나 옮길 때는 항상 어느 정도의 위험이 따른다. 현장의 상황이나 환경(협력자 유무), 부상자의 상태(의식 유무), 부상 당한 부위 등을 파악하여 올바른 방법을 선택하는 것이 중요하다.

부상자의 다리를 겹쳐서 하나로 한 후 상체를 일으킨다.

양쪽 겨드랑이 밑으로 손을 넣어 부상자의 한쪽 팔을 잡는다.

팔을 끌어모으듯이 해서 엉덩이를 들어올려 뒤로 이동한다.

부상자의 양 무릎을 모아 끌어안고

손목을 잡아 안정시킨다.

소방사 한정 가능한 방법입니다.

눕힐 때는 기도가 막히지 않도록 옆으로 눕힌다.

이것을 '회복 체위'라고 한다.

5 삼각건 사용법 ①

부상자에게 말을 걸면서 치료한다

삼각건은 지혈, 상처 부위 보호 및 감염 방지, 통증 완화 등을 위해 감는다. 상처 크기에 상관없이 신체의 어느 부분이나 사용할 수 있어 응급 처치에 유효하고 편리한 재료이다.
출혈이 있을 때는 깨끗한 거즈를 덮고 나서 감는다.. 또한, 삼각건이 땅이나 바닥에 닿지 않도록 한다. 너무 세게 감으면 혈액 순환 장애를 일으키고, 느슨하면 풀려 버리므로 환자에게 상태를 물어가면서 처치한다.

밑 부분을 4cm 정도 접는다.

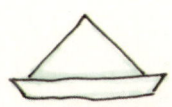 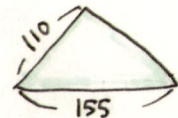

머리를 다쳤을 경우에는 귀 뒤로 좁혀

뒤에서 교차해서

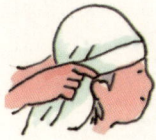 

앞에서 매듭을 묶는다.

남은 천은 안쪽으로 넣는다.

상처 부분을 피해 묶는다.

큰 천을 이용해도 된다.

삼각건 사용법 ② 5

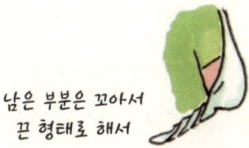

남은 부분은 꼬아서
끈 형태로 해서

묶어서 안쪽으로

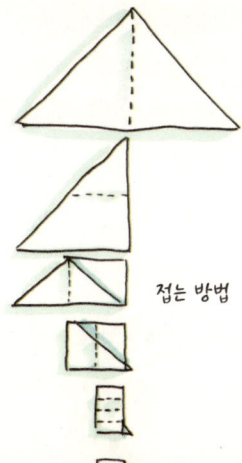

접는 방법

삼각건을 접어서

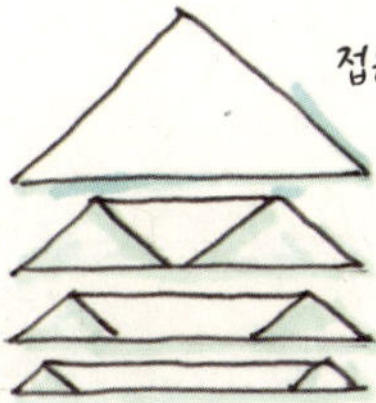

접은 삼각건

팔을 매달거나

삼각건으로 매달기

접은 사각건으로 고정

염좌 시 테이핑에 활용

발바닥에서 발목 뒤로 교차

앞에서 묶는다.

붕대 대용으로도 사용할 수 있다.

상처 부위에는 거즈 등을 댄다.

5. 저체온증 대처법

추운 대피소에서의 필수 대책!

신체 중심 온도가 35℃까지 내려가면 저체온증이 된다. 만약 저체온증 위험이 있는 사람이 옷이 젖어 있다면 갈아입힌다. 따뜻한 음료를 주고(없으면 차가운 것이라도), 목마름이 없다면 영양가 있는 음식물을 제공한다. **페트병에 체온과 비슷한 따뜻한 물을 넣어 보온 주머니를 만들어서 겨드랑이, 허벅지 부근, 목 주변(맥이 닿는 곳)에 댄다.** 가능하다면 건강한 사람이 옷을 벗어 저체온증인 사람을 직접 피부를 맞대어 따뜻하게 해주는 방법이 효과적이다.

추위와 지병, 피로, 영양 부족 때문에 저체온증이 나타나는 경우가 있다.

몸을 떨거나 헛소리를 하면 저체온증이라는 신호. 극단적으로 체온이 내려가 혼수상태가 되어 사망(동사)한다.

수분과 칼로리를 공급하고 두꺼운 혈관이 있는 부위를 따뜻하게 한다.
- 목덜미
- 겨드랑이
- 고관절
- 발목

먹을 수 없는 물이라도 온수를 넣는다.

페트병 보온 주머니

열사병은 재빨리 대처하자 5

중증에 이르면 사망할 수도 있다

목이 마르다고 느꼈을 때는 이미 수분이 부족하다는 증거이다. 특히 성장기 어린이나 고령자는 열사병에 걸리기 쉬우므로 주의해야 한다. 열사병이 의심되면 재빨리 서늘한 곳으로 이동하여 옷을 느슨하게 하고 쉬는 것이 좋다. 경련이 일어나는 부위가 있으면 마사지를 해준다.

또한 신체의 특정 부분이 차가워졌다면 그 부분도 마사지하자. 열사병이 걸린 후에는 병원 진찰을 받는 등 신중을 기해야 한다. 반응이 둔하고 의식이 없을 때는 바로 구급차를 부른다.

고령자는 집 안에서 일사병에 걸리는 경우도 많다.

더위로 땀을 많이 흘릴 때

쨍쨍

수분, 염분이 제때 보충되지 않으면 열사병에 걸린다.

현기증
두통
열 경련

시원한 곳으로 이동하여 이온 음료 등으로 수분과 염분을 보충한다.

두꺼운 혈관이 통과하는 부위를 물수건이나 얼음으로 식힌다.

5 식중독이 의심될 때의 대처법

냉장고가 작동을 멈추면 식중독이 발생할 위험도 커진다.

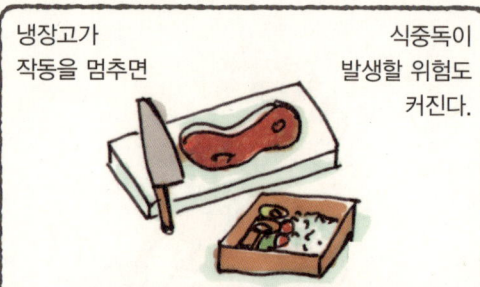

설사와 구토는 신체에 들어온 독을 배출한다는 증거이다.

세면기에 비닐봉지를 씌우고 신문지를 깐다.

탈수 증상이 나타나지 않도록

스포츠 음료와 수제 이온 음료로 염분과 수분을 보충하고

소금과 설탕을 녹인 물

숨쉬기 쉬운 체위로 쉬게 한다.

증상이 심해지면 병원으로!

탈수 증상이나 토사물로 인해 목이 막히지 않도록 주의한다

탈수를 예방하기 위해 물이나 차, 스포츠 음료 등으로 수분을 보충한다. 토사물이 기관지를 막으면 호흡 곤란이나 폐렴을 일으키기 쉬우므로 토하기 쉽게 옆으로 눕힌다. 절대로 섣부른 판단으로 설사약을 먹이지 않도록 하자.

식중독은 때로는 사망을 초래할 수도 있다. 중증화의 조짐을 놓치지 말고 조금이라도 증상이 심해지면 보건소나 응급실 등 병원에 간다.

설사약, 해열 진통제는 먹지 않는다.

양치할 수 없을 때의 구강 청결법 5

페트병 뚜껑 정도의 물로 간단히 해결할 수 있다

양치할 수 없는 장소에서 식사할 때는 꼭꼭 씹어서 침이 많이 나오도록 먹는다. 다 먹고 나면 혀를 사용해 치아를 청소한다. 손가락이나 티슈를 이용해도 된다.

그 다음 페트병 뚜껑 한 잔 정도의 물로 입 안을 헹군다. 평소에도 식사 마지막에 물이나 차를 마셔서 입을 헹구는 것만으로도 충치가 예방된다.

혀를 사용하여 치아를 청소

페트병 뚜껑 한 잔 정도의 물을 입 안에 머금는다.

치아와 치아 사이에 물을 통과시키듯이

혓바닥, 입 전체를 골고루 헹군다.

사용한 휴지나 구겨진 신문지 등에 뱉는다.

자기 전, 기상 후, 식사 후 등 틈틈이 하자.

제5장 비상시 위생과 멘탈 관리법

5 잇몸 닦기로 폐렴을 예방하자

대피소에는
물도 없고
칫솔도 없다.

구강 위생의 악화나
스트레스로 인해

기도에도
세균이 들어가기 쉽다.

칫솔을 구했다면
치아와 잇몸을 닦자.

가볍고 섬세하게
움직여준다.

치약은 묻히지 않는다.

머리와 입 안이
개운해진다.

개운해~

잇몸은 뇌와 직결된다

대피소에서는 고령자를 중심으로 폐렴이 많이 발생한다. 폐렴의 주요 원인은 입 안에 있는 구내 세균이다. 대피 생활에서 몸을 움직이지 않으면 뇌의 혈류가 나빠져 구내 세균이 폐로 침입하게 된다.

칫솔로 잇몸을 닦아 자극하면 뇌의 혈류가 증가하여 구내 세균이 폐 쪽으로 침입하는 것을 막아준다. 게다가 폐렴의 원인이 되는 구내 세균까지 감소시킨다. 칫솔을 이용하여 부드럽고 섬세하게 잇몸을 마사지하듯 닦아 보자.

분비 촉진 마사지를 하자 5

입 안의 건조함을 해소하는 마사지

침은 세균이나 바이러스 감염을 막는 효과가 있다. 약알칼리성인 침은 구강 내 산성화를 중화하고 충치의 진행을 막아준다. 큰 침샘이 분비되는 부위를 마사지하면 침 분비가 촉진된다.
식사 전에 3분 정도 아프지 않을 정도의 힘으로 눌러보자. 침이 나오는 것을 느낄 수 있다.
또한, 수분이 부족하면 침 분비도 원활하지 않으므로 수분을 자주 섭취하도록 하자.

레몬이나 매실 장아찌를 떠올리는 것만으로도 효과가 있다.

큰 침샘을 자극하기 위해

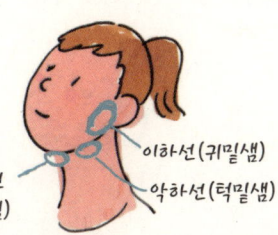

설하선(혀밑샘)
이하선(귀밑샘)
악하선(턱밑샘)

마사지를 한다.

귓불 아래 주변을 뒤쪽에서 앞으로 둥글게 돌려준다.

턱 안쪽 귀 아래부터 턱 아래까지 차례로 누른다.

혀 체조도 해보자.

혀를 내밀거나 안으로 당기거나 혀를 돌리거나 한다.

제5장 비상시 위생과 멘탈 관리법

5. 틀니를 빼 둔다

건강한 침은 끈적거리지 않지만

입 안이 오염되어 있으면 끈적끈적하다.

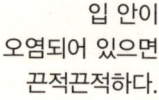

틀니는 식사할 때 이외에는

빼 놓는 것이 좋다.

건강한 잇몸 색은 연한 분홍색을 띤다.

연한 분홍색

칫솔이 없을 때는

티슈나 거즈로 닦아내자.

틀니를 했다면 더욱 신경써서 관리하자

대피소에서 다른 사람을 의식해서 틀니를 빼지 않고 낀 채로 자면 틀니는 세균 집합소가 될 것이다. 물을 충분히 사용할 수 없는 대피 생활에서는 티슈나 거즈를 손가락에 감아 부드럽게 닦아 보자. 또한, 틀니는 청결한 물속에 보관하자. 틀니는 건조하면 변형이 되어 통증을 유발할 수 있다.

8020 운동
80세까지 20개의
치아를 보존하자.

목욕할 수 없을 때는 5

따뜻한 물 한 대야로 몸을 씻을 수 있다

장시간 동안 목욕을 못 하는 것은 괴로운 일이다. 물이 귀중한 비상시에는 젖은 수건으로 몸을 닦아 개운함을 느껴보자. 마요네즈 등의 용기 뚜껑에 압정으로 구멍을 뚫어 비데로 활용할 수도 있다. 병간호용 물수건이나 샴푸용 물티슈를 이용하는 것도 좋다.

따뜻한 물을 2개로 나누어 담는다.

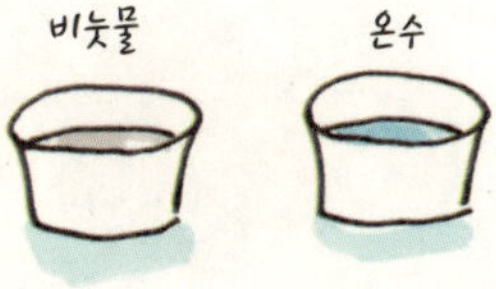

비눗물 / 온수

수건도 2개를 사용한다.

비눗물을 묻힌 물수건으로 몸을 닦은 후 따뜻한 물에 적신 수건으로 닦는다.

음부를 비눗물로 닦으면 산성의 살균작용을 약화시키므로 온수로만 씻는다.

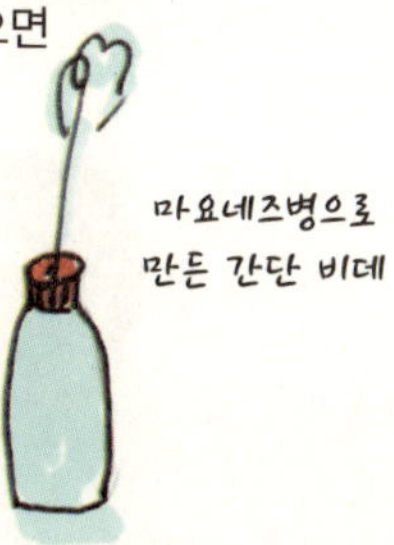

마요네즈병으로 만든 간단 비데

제5장 비상시 위생과 멘탈 관리법

5 단수 시 머리 감는 법

두피마사지를 해서
기름기를 띄운다.

물에 소독액 또는
소주를 섞고

장갑에 적셔서

두피와
머리카락을
문지른다.

청결해질 뿐 아니라
기분도 상쾌해진다.

상쾌해~

불쾌감의 원인은 두피 오염

두피는 피지가 분비되면서 며칠지나면 냄새가 나고 가려움으로 찝찝하다. 이 두피의 더러움을 제거하면 위생뿐만 아니라 기분도 깔끔해진다.
장갑과 알코올이 없다면 젖은 수건(따뜻하게 데운 수건)으로 두피를 중점적으로 닦는다. 물이 필요 없는 샴푸도 판매하고 있으니 단수에 대비하여 준비해 두는 것도 좋다.

모자는 헤어스타일을
신경 쓰지 않아도 되니까 편리해요.

이코노미 클래스 증후군을 예방하자 5

간단한 스트레칭으로 예방 습관을

이코노미 클래스 증후군은 장시간 계속 같은 자세로 있어서 혈액의 흐름이 나빠지고 피가 덩어리가 되어 끈 형태의 정맥혈전이 나타나는 증상이다. 이 정맥혈전이 폐동맥까지 가서 동맥을 막아버리면 사망에 이른다.
수분을 충분히 섭취하고, 소변을 참지 말고 가끔 의식적으로 스트레칭을 하도록 하자. 발목을 굽히거나 펴는 것만으로도 도움이 된다. 종아리의 혈관을 죄어 혈류를 돕고 혈전을 예방해주는 효과가 있는 탄성스타킹(의료용 양말)을 이용하는 것도 좋다.

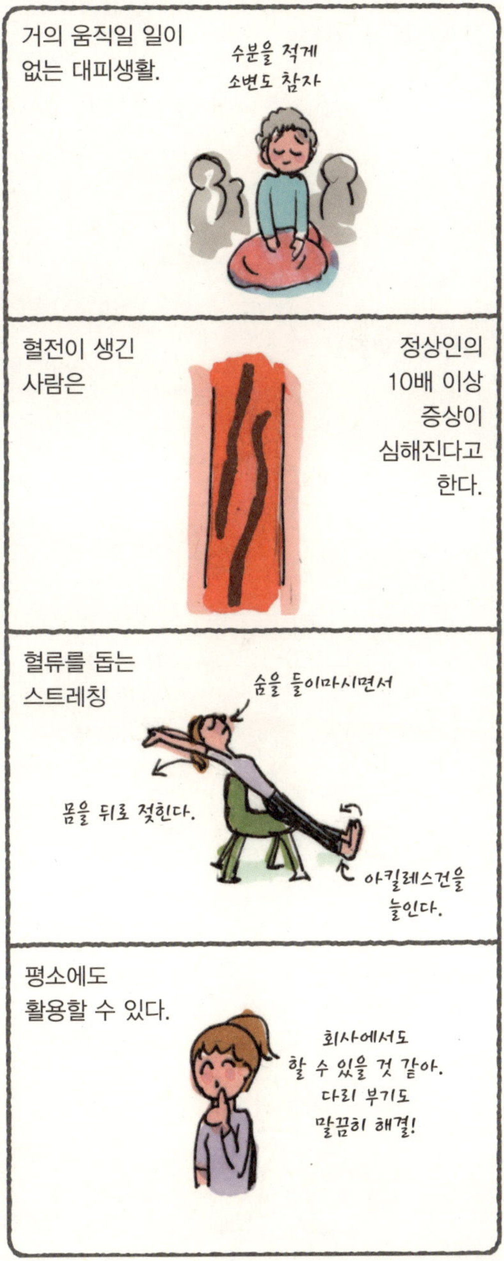

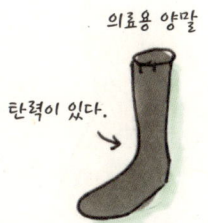
의료용 양말
탄력이 있다.

거의 움직일 일이 없는 대피생활.
수분을 적게 소변도 참자

혈전이 생긴 사람은
정상인의 10배 이상 증상이 심해진다고 한다.

혈류를 돕는 스트레칭
숨을 들이마시면서
몸을 뒤로 젖힌다.
아킬레스건을 늘인다.

평소에도 활용할 수 있다.
회사에서도 할 수 있을 것 같아. 다리 부기도 말끔히 해결!

제5장 비상시 위생과 멘탈 관리법

5 지진으로 멀미가 날 때는

큰 지진이 난 후에
무서워~

계속되는 여진.
또 여진!
위잉~

지진이 아니어도 흔들리는 듯한 착각에 빠진다.
지금 흔들리는 건가?
두근두근
휴대폰이 울리는 건가?

심호흡하고 손발을 쭉 뻗는다.
손을 문지르고 따뜻한 음료를 마시며 휴식을 취한다.

몸을 움직여서 지진 멀미를 해소한다

반복되는 지진을 겪으면 배멀미 같은 증상이 나타나는 경우가 있다. 어지럼증이나 속이 메스꺼움을 느끼거나 손발이 차가워지고 식은땀이 나기도 한다. 해소법은 충분한 수면과 수분 섭취, 손발을 따뜻하게 하고 스쿼트 등의 가벼운 운동을 하는 것이다.

너무 가만히 있지 말고 항상 몸을 움직이는 것이 좋다. 멀미약을 먹는 방법도 있지만, 증상이 계속될 것 같으면 다른 질병의 가능성도 있으므로 병원에 가자.

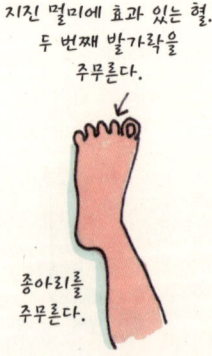

지진 멀미에 효과 있는 혈. 두 번째 발가락을 주무른다.

종아리를 주무른다.

평형감각 상실로 인한 현기증에 주의하자 5

액상화로 인해 거리 전체가 물결치기도

사람은 똑바로 있는 것에 대해서는 '똑바로 보자'라는 의식이 작동한다. 지진으로 뒤틀린 바닥과 기둥 근처에 오랫동안 있으면 평형감각이 이상해져 울렁거리거나 현기증이 날 수도 있다.

액상화 대책은 지반 내에 시멘트 등의 안정적인 재료를 섞어 강도를 증가시키는 방법과 지반에 말뚝을 박는 방법 등 여러 가지가 있다. 앞으로 집을 지을 계획이 있다면 액상화 맵으로 확인하고 전문가와 상담하는 것이 좋다.

지진에 의한 액상화로 도로가 붕괴.

집이 기울어져 버렸다.

굴러가는 구슬

기울어진 곳에 있으면

울렁거리거나 현기증이 나기도……

액상화 현상은 과거의 지형이 영향을 준다.

늪지대

해안

논

보수 공사는 6,000만~1억 원 정도

제5장 비상시 위생과 멘탈 관리법

5 물에 빠진 사람을 도와줄 때

TV에서 보는 것처럼 요란하게 물에 빠지는 경우는 거의 없다.

실제로 물에 빠지면 조용히 가라앉는다.

물에 빠진 사람을 발견하면 도움을 요청하고 물에 뜨는 물건들을 던져준다.

먼저 자신의 안전을 확보한 뒤에 도와주자.

구조자가 함께 휩쓸려 빠지는 경우도 많다

물에 빠진 초등학생을 한 주부가 빈 페트병을 던져 구했다는 일화가 있다. 페트병을 5~6개 던져도 좀처럼 닿지 않다가, 마지막으로 던진 페트병이 손 근처에 다다랐고, 그 페트병을 잡아 얼굴과 무릎을 수면에 내놓을 수 있어 무사히 구출되었다. 한편, 물에 빠진 사람을 구하려고 물에 뛰어든 경찰관이 오히려 물에 빠져 숨진 사고도 있었다. 물에 빠졌던 사람은 다른 사람의 도움으로 살았다고 한다. 무슨 일이 있어도 물에 들어가야 할 때는 옷을 벗고 들어가도록 하자.

생명을 구하기 위한 응급 행동 5

하나의 생명을 구하기 위해서 용기와 판단력을!

구급차가 현장에 도착하기까지의 전국 평균 시간은 5~6분이다. 인간이 살아가는 데 중요한 뇌는 산소 없이는 3~4분밖에 살 수 없다. 무조건 구급차를 기다릴 것이 아니라 구급차를 기다리는 동안 빨리 심폐소생술을 실시하도록 하자. 심폐소생술은 그 자리에 같이 있던 사람밖에 할 수가 없다. 소방서에서는 정기적으로 응급 강습회를 실시하고 있다.

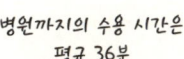

한 중학생이

강에 빠진 초등학생을 물에서 건져 올려

TV에서 본 대로 심장 마사지를 흉내냈더니 숨을 쉬었다고 한다.

잘할 수 있을까 고민하지 말고 하지 않으면 죽는다고 생각해야 한다.

판단은 '본인'이 해야 한다.

비상시 안정을 유지하는 방법

재해 후 3주 정도 지났을 때가 중요하다 5

3주가 지나면 무리하지 않는다

대피소에서는 오랫동안 목욕을 할 수 없는 등 비위생적인 생활이 계속된다. 이로 인해 감염증도 만연한다.

정신을 바짝 차리고 있을 수 있는 시간은 3주 정도가 한계라고 알려져 있는데, 이때를 기점으로 급격하게 컨디션이나 정신이 악화하는 경우가 있다. 3주가 지났다면 의식적으로 휴식을 취하자.

마음을 다잡고 있을 수 있는 기간은 3주 정도.

힘내자~

여진이나 스트레스에 의한 불면, 어지러움, 우울.

아이들도 아토피가 심해지되거나 야뇨 증상, 두드러기 등이 발생한다.

이코노미 클래스 증후군, 심근경색도 주의해야 한다.

5. 없던 일로 하고 싶은 마음의 병

한신·아와지 대지진 때 자신에게 일어난 일이 믿어지지 않아서

집이 무너졌어.

믿고 싶지 않아서 갑자기……

아내는 어디에 있는거야.

이런 곳에서 뭘 하는 거야!

얼른 집에 돌아가야지!

'지진은 없었나'고 부정하는 사람이 남녀노소를 불문하고 많았다고 한다.

그러니까 집은……

가혹한 현실에 버티지 못하는 마음

동일본 대지진으로 인한 해일로 피해를 입은 항구의 한 어부는 '꿈이 아닐까, 제발 꿈이었으면 좋겠다고 생각했지만, 무너진 집과 폐기물 더미를 보고 현실임을 깨달았다'고 말했다. 모두가 그렇게 생각할 정도로 가혹한 현실이었다. 자원 봉사자 중에는 심리 상담사도 있다. 자신은 물론 주위 사람의 행동이 이상하다고 생각되면 빨리 상담해 보자.

전쟁에서 불타는 집들을 바라보던 할머니들은 의연했다.

목숨만 살아 있으면 괜찮아~

스트레칭으로 긴장 풀기 5

잠이 오지 않을 때는 간단한 스트레칭

스트레칭은 긴장을 풀어주는 효과가 있다. 숨을 길게 내쉬면서 스트레칭을 하면 근육이 잘 늘어난다. ==반동과 탄력을 이용해 스트레칭을 하면 근육과 관절에 부담이 되므로== 주의하자. 반대로 숨을 멈추면 근육이 긴장해서 잘 늘어나지 않는다. 이불 위에서 천천히 호흡하면서 무리하지 않는 선에서 스트레칭을 하고, 몸속에서부터 릴렉스 하는 것이 중요하다.

생각날 때마다 스트레칭

팔다리를 쭉 뻗어 몸 전체를 편다.

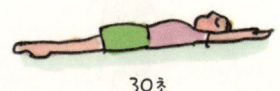

30초

한쪽 다리를 끌어당긴다.

좌우 번갈아가며 천천히 한다.

30초

배꼽을 보듯이 양손으로 다리를 안는다.

30초

엎드려서 엉덩이를 내밀고 등을 펴준다.

30초

제5장 비상시 위생과 멘탈 관리법

5 마음의 재해 - 혼자 남겨졌을 때 ①

남겨진 사람들의 슬픔과 마음의 상처

재해로부터 간신히 살아남은 사람들이 낮동안 하는 일은 수많은 대피소에서 가족을 찾는 일이다. 무너진 건물 잔해물 속에서 가족을 찾고, 시신 안치소에서 가족을 찾는다.
그리고 저녁에 자신이 있는 대피소 체육관으로 돌아와 차가운 바닥에서 잠이 든다. 거기에는 자신의 비극을 호소할 만한 공간도 없다.

아무것도 목구멍으로 넘기지 못한다.

억지로 먹으면 토해버린다.

나는 재해를 입지 않았지만　　가족을 모두 잃었다.

희생자 수에는 드러나지 않는　　마음의 상처를 입은 사람이 많다.

마음의 재해 – 혼자 남겨졌을 때 ② 5

사람은 사람으로 치유된다

사람은 누군가 자신을 필요로 할 때 기쁨을 느낀다. 희망이 있으면 현실이 힘들어도 살아갈 수 있다. 마음의 평온을 되찾았다는 피해 여성은 대피소에서 없어서는 안 될 존재가 되었다고 한다.
자원봉사자 중에는 이야기를 들어주는 사람도 있다고 한다. 마음의 재해로부터 회복하는 방법은 작은 일에서 일상을 되찾는 것이 첫걸음이다.

지진으로 마음에 상처를 입었을 때 / 자원봉사자 여성이 다가와 주었다.

대피소에서 사용하는 간판과 / 메시지를 남기는 봉사활동을 하였다.

아이들의 부탁으로 꽃과 새를 그리기도 하고 / 그림 연극을 읽어주면서

마음의 평온을 되찾을 수 있었다.

제5장 비상시 위생과 멘탈 관리법

5 태핑 터치로 마음 안정시키기

불안해하지 말고 천천히 마사지한다

스트레스나 불안을 진정시키기 위한

아주 간단한 마사지이다. 자판을 두들기는 듯한 손모양을 하고

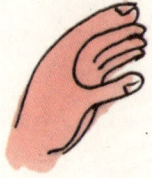

등, 머리를 번갈아가며 여기저기 톡톡 두드리면 된다.

3분 정도만 해도 손발이 따뜻해지고 15분 정도 하면 밤까지 따뜻하다.

손 끝 마디를 사용하여 가볍게 튕기듯이 좌우 교대로 부드럽게 두드려 마사지(태핑)한다. 15분 정도 가볍게 두드려주면 마음을 안정시키는 세로토닌이 증가해 체온이 올라가는 것을 확인할 수 있다. <mark>1초에 1회 정도의 여유 있는 리듬으로 힘을 빼고 해보자.</mark> 담담하게 약간 아쉬울 정도의 느낌으로 두들겨주면 긴장이 풀리고 마음이 안정된다.

이 정도는 나도 엄마한테 해줄 수 있어.

혼자서도 할 수 있는 태핑 터치 — 5

앉아서 언제든지 할 수 있다

1초에 1회씩 여유 있는 리듬으로 힘을 빼고 하자. 담담하고 느긋한 박자 때문에 오히려 짜증이 날 수도 있다. 이러한 감정은 마음이 지쳐 있다는 증거이다.

불면증, 재해 등으로 충격을 받았을 때나 기분이 처져 있을 때 굳어진 심신을 풀어줄 것이다.

액세서리 등 방해가 될 만한 것을 뺀다.

팔을 가볍게 흔들어 힘을 뺀다.

턱, 관자놀이, 이마, 머리 위 등

아래에서 위로 한 곳을 20~30회씩 톡톡 두드리기(태핑)

목, 어깨, 가슴 위, 명치, 아랫배도

좌우 교대로 톡톡 두드리기(태핑)

양손의 온기를 전달하며 세 번 호흡한다.

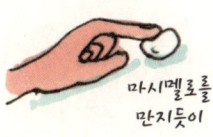

손끝에 힘을 빼고 터치

마시멜로를 만지듯이

제5장 비상시 위생과 멘탈 관리법

5 둘이서 할 수 있는 태핑 터치

상대방 등에 손을 대고 말을 건다.

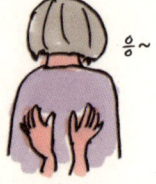

시작할게요.

응~

좌우 교대로 리드미컬하게

어깨뼈 주변부터 등 전체

톡톡

목부터 머리를 태핑

상대가 원하는 곳도 태핑

받는 사람도 기분 좋지만

해주는 사람도 뇌가 활성화되고 마음이 안정된다.

자장가와 같은 박자로 태핑

서로 태핑 터치를 하면 매우 효과적이다. 여유 있는 터치와 더불어 대화를 즐길 수 있다. 몸의 긴장이 풀리면 자신이 매우 소중하고, 보살핌을 받는 듯한 느낌이 들면서 긍정적인 사고가 된다.

마지막에는 손바닥을 대고 3번 호흡한다.

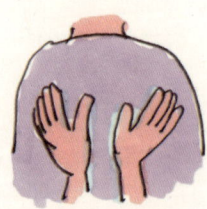

'좋은 수면'을 위한 방법 모색하기 5

잠들지 못하는 것은 당연하다

수면은 몸과 마음의 건강을 유지하기 위해서도 중요하다. 특히 익숙하지 않은 대피소에서 자야 할 때는 잠들 수 있는 방법을 모색해서 수면을 취하도록 하자.
'안 자면 안 돼'라고 노력하기 보다는 이러한 재해에 '잠들지 못하는 게 당연하다'고 인식해 두는 것이 중요하다.

숙면하기 위한 방법
- 귀마개
- 마스크
- 안대
- 옆으로 눕기
- 안는 베개

낮 동안은 몸을 움직이거나

햇볕을 쬐는 것도 효과가 있다.

하지만 아무리 노력해도 잠이 안 온다면

잠이 안 와!

그냥 일어나는 것도 좋다.

대피소에 있다면 잠 못 이루는 사람들의 방에서 조용히 보내보자.

낮에도 졸리면 쉬자.

제5장 비상시 위생과 멘탈 관리법

5 '종이상자 칸막이'로 사생활 확보하기

종이상자를 4개로 자르고

점선 부분을 자른다.

약간의 사생활을 확보하기 위한 방법

대피소처럼 24시간 사생활이 없는 공간은 스트레스이다. 앉았을 때 옆사람과 시선이 마주치지 않도록 하는 것만으로도 마음이 편안해지는 공간을 만들 수 있다.

종이상자는 가공하기 쉬운 소재라서 창의력을 발휘하면 다양하게 활용할 수 있다. 단 칸막이를 세울 때는 옆 사람에게 양해를 구한 다음에 하자. 불필요한 문제가 생기는 것을 막을 수 있다.

받침이 되는 부분을 4개 만든다.

접착테이프가 없을 때

접착테이프가 있을 때

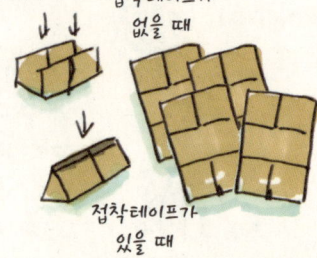

상판을 받침에 꽂아서 완성한다.

앉았을 때 옆 사람과 눈이 마주치지 않기 때문에 안심이 된다.

종이 박스를 겹쳐서 만든 방석

실컷 울어보자 5

'울어서' 치료하는 마음의 청소

재해는 사람들에게 평온한 일상이 영원하지 않다는 것을 가르쳐주었다. 그리고 평소 갖고 있던 고민은 아주 작은 것이었다는 것도……. 또한, 동일본 대지진 때에 일어난 원자력발전소 사고로 진짜 정보가 무엇인지 알 수 없게 되었다. 재해 전과 재해 후에 거리의 풍경이 바뀐 만큼 우리의 마음과 의식도 변화하고 있다. 불안, 슬픔, 부흥, 새로운 사회에 대한 기대와 우려 등 복잡한 생각이 항상 따라 다니고 있는 것이다. 때로는 슬픈 영화를 보고 마음껏 우는 마음 청소를 하는 것도 좋을 것이다.

대피소에는 피해를 입은 사람들이 모여 있다.

괴롭다, 슬프다는 약한 소리를 계속 토로할 수는 없다.

마음 놓고 울 수 있는 개인적인 공간이 필요하다.

피해를 입지 않은 사람도 때로는 실컷 울어 보자.

차가운 수건으로 눈의 부기를 가라앉힌다.

5 내일을 향해 방긋 웃는 습관

아침에 일어나서
신선한 공기를 마시며 햇빛을 쬐고

거울 앞에서 방긋 웃어본다.

거울아 거울아

밥을 천천히 꼭꼭 음미하면서 먹고
'맛있다'라고 소리 내어 말해 보자.

자기 전에도 방긋 웃으며
일찍 자는 습관을 들이자.

스트레스에도 효과적인 행복한 습관

햇빛을 쬐고 몸을 움직이면 세로토닌이 증가한다. 신경 전달 물질인 세로토닌이 부족하면 우울증 등의 정신 질환에 걸리기 쉽다. 살짝 웃으면 억지웃음이라도 뇌가 활성화된다. '맛있다'라고 소리를 내면 그 자극에 행복감이 높아진다. 또한 목욕으로 나른해지면 부교감신경이 작용해 몸과 마음이 편안해진다. 밤늦게까지 TV나 컴퓨터에 지나치게 열중하지 말고, 일찍 잠자리에 들어 뇌를 쉬게 해주자.

웃으면 복이 온다.

5. 아이의 불안에도 신경 쓰자

불안한 것은 어른만이 아니다

지진, 해일, 원전사고, 방사능 등 공포가 가득한 상황은 어린 아이들도 불안해서 견딜 수 없을 것이다. '내가 나쁜 아이라서 그 때문에 참아야 한다'고 생각하는 아이도 있다. 조금이나마 현실을 이해시키고 어른들 모두 노력하고 있다고 말해주자. 잠들기 전에는 무서운 뉴스를 보지 않도록 하고 그림책을 읽어주자.

TV에서는 비참한 영상이 계속해서 흘러나온다.

부모의 불안이 아이에게도 전해진다.

아이의 눈높이에 맞춰 설명해주자.
- 뜨거워요.
- 배가 아파요.

설명이 끝나면 꼭 안아주면서 안심시켜 주자.
- 함께 있으니까 괜찮아.

5 아이의 스트레스를 관리하자

껌딱지, 퇴행행동 등은 전형적인 스트레스 반응이다.

 쭉쭉

 갑자기 손가락을 빠네

양치질, 인사, 통학 등 가능한 한 평소 생활습관을 계속 유지하자.

 안녕~

그리고 충분히 응석 부릴 수 있게 해주자.

아이는 응석 부리면서 힘든 경험을 극복하려고 한다.

대화를 하자. 사소한 것, 관계없는 이야기라도 대화를 하는 것이 중요하다.

아이의 신호에 반응해준다

재해를 경험하면 누구나 동요한다. 그것은 아이들도 마찬가지다. 어린이는 적절한 치료를 해주면 충분히 회복할 수 있다. 어떤 재해 지역의 아이들 사이에서는 '지진 놀이'와 '해일 놀이'가 유행했다. 역할 놀이를 통해서 두려움을 극복하기 위해 본능적으로 하는 치유 행동이라고 한다. 진지하지 못하다고 생각하지 말고, 야단치지 말고 지켜봐 주는 것이 좋다.

지진이다, 도망가자!

마음의 재해에 주의하자 5

재해를 당하지 않은 사람들을 습격하는 마음의 재해

직접 피해를 입지 않았더라도 죄책감과 무력감에 시달리며 불면증, 불안, 정서 불안으로 고통 받는 경우가 많다. 피해자의 슬픔과 고통을 자신의 일처럼 느끼고 있기 때문에 일어나는 증상이다.

지금 자신이 할 수 있는 일을 생각해 보자. 절전, 지원물자 제공, 모금 등 찾아보면 근처에서 할 수 있는 분리 작업 봉사자도 있을 것이다. 만약 너무 힘들다면 잠시 매스컴을 멀리하거나 산책하는 것도 좋다.

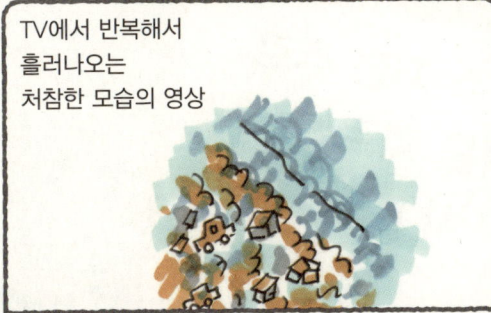

TV에서 반복해서 흘러나오는 처참한 모습의 영상

어려운 상황에 직면한 피해자들

출구가 보이지 않는 원전 사고

끝없이 새어 나오는 오염수

여러 가지 물건이 매장에서 사라졌다.

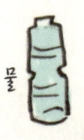
물

화장지

컵라면

아무것도 할 수 없는 자신에게 느끼는 죄책감, 무기력감, 불안감.

일이 손에 안 잡혀요.

이런 수 저런 수로
허를 찌르는
사기극

범죄로부터
자신을 지키기

평소보다 경계하자 5

대재해의 혼란을 노리는 나쁜 사람들

대재해가 발생하여 큰 피해를 입은 와중에도 참을성 있고, 질서 정연하게 잘 대처하는 모습은 늘 칭찬받는다.
하지만 그렇지 않은 사람도 일부 있다. 혼란을 틈타 편의점의 ATM을 부수거나, 가정집에 침입해 도둑질을 하거나 금융사기를 치는 등 이와 같은 범죄가 내 주변에서 일어날 수 있다는 것을 잊지 말자.

옛날에는 천재지변이 마을을 덮치면 소문을 듣고

'인신매매범'이 찾아왔다고 한다. 요즘은

관광객 기분으로 찾아오는 자원봉사자, 아마추어 사진가 등이 몰려온다.

대단해~

이 틈을 노리는 범죄자가 있는 것도 사실이다.

모금 활동을 가장한 사기도 있습니다.

제5장 비상시 위생과 멘탈 관리법

5 여성을 노린 범죄에 조심하자

재해 지역에 반드시 선의만 있는 것은 아니다.

사람이 없는 빌딩이나 집에서 도난 사고가 잇따라 발생하고.

젊은 여성이 강간당하는 사건도 일어났다.

가로등이 꺼진 폐허가 된 도시의 밤거리는 절대로 혼자 걷지 말 것!

밤에는 돌아다니지 않는다

한신·아와지 대지진 때 돌던 전설 같은 이야기가 있다. 정말 그런 일이 있을까 귀를 의심했는데, 최근에 고베 출신의 친구가 대지진 때 길을 걷던 여성이 차로 납치당하려는 것을 도와준 적이 있다고 했다.

그 친구도 재해 지역에서 자동차를 도난당했다. 안전해야 할 대피소에서도 성폭력과 도촬 등의 범죄가 일어나고 있다.

사울 방범대

재해 빙자 사기에 주의하자 5

마음을 강하게 갖고 무턱대고 믿지 않기

일반적으로 공공기관이나 단체에서 개별적으로 전화, 팩스, 방문 등으로 의연금 등의 송금을 요구하는 경우는 없다.
사기꾼은 부모 마음, 친절함, 동정심, 공포심, 초조함을 교묘하게 이용한다. 조금이라도 의심스럽다는 생각이 들면 바로 송금하지 말고 가족과 지인, 가까운 경찰서나 구청, 소비자센터에 상담하자.

지진 재해로 인한 의료비를 환급받을 수 있다고 하며 ATM을 이용해 입금하게 하는 사기

팩스를 이용한 기부금 요청을 가장한 사기

피해자가 시설에 들어가고 싶어서 명의를 빌려달라고 부탁,

명의를 빌린 후에는 '불법 명의 대여'로 돈을 요구하는 사기

지진 재해 관련 점검상법이나 악질 상법

전기·가스 점검이나 수리를 명목으로 현금을 요구하는 사기도 있다.

그대로 받아들이지 말고 스스로 확인을 하고 누군가에게 상담을 하자!

5 거짓 정보에 휘둘리지 말자

방사능에 효과가 있다는 가글액, 목 스프레이, 소독용 비누 등은 원래 마실 수 있는 것이 아니므로 오히려 몸에 나쁘다.

해조류가 좋다고 하지만 효과가 있는지는 알 수 없다.

중국에서는 소금이 효과가 있다는 소문이 돌아 사재기 소동이 일어났다.

반품하고 싶다!

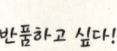

조금만 냉정하게 생각하면 알 수 있다.

그럴듯한 거짓 정보

인터넷과 휴대폰의 발달로 근거 없는 정보나 루머가 단체 메일이나 SNS 등에서 놀라운 속도로 퍼진다. 반면, 재해민들은 정작 중요한 정보를 얻을 수 없는 게 현실이다. 이때 혼란에 빠지지 않도록 냉정하게 스스로 판단하는 것이 중요하다.

단체 메일의 경우 제목에 '출처가 분명한 정보를 ==호의로 전송하는 경우가 있기 때문에 주의한다.== 수신한 메일의 내용이 정확한지 확인하고, 섣불리 전송하지 않도록 하자.

효과는 둘째치고 천연 요소가 가득한 밥입니다.

정어리 어묵국

미역밥에 마와 다시마 말이

제 6 장

대피 생활과 다시 일어서기

대피 생활에서 중요한 것

7 양쪽 시접을 10mm 정도 접고, 전체 7mm 상침으로 눌러 박음질한다.

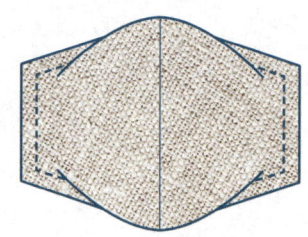

8 양옆에 마스크 끈을 넣는다. 끈 매듭은 통로 안쪽으로 당겨서 넣어준다. 마스크 완성.

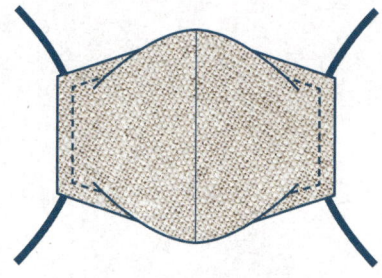

4 펼쳐서 가운데 시접 부분을 가름솔로 정리한다.

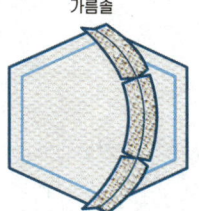
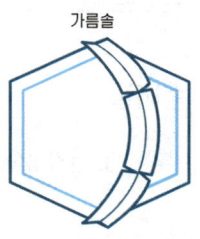

5 겉감과 안감의 겉면끼리 맞대고 시침핀으로 고정한다.
마스크 끈 통로를 만들 귀퉁이 4곳은 1cm 정도 남겨두고 점선을 따라 전체 박음질한다.

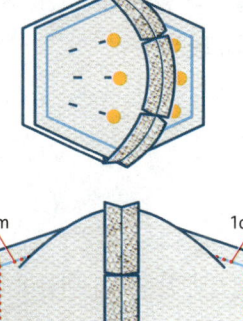

6 창구멍을 통해 뒤집는다.

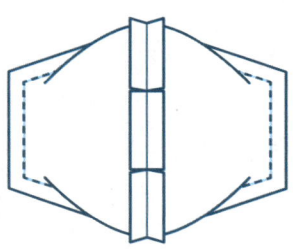

면 마스크 만들기

준비물

겉감 2장, 안감 2장, 필터, 마스크 끈

과정

1 겉감의 안쪽에 마스크 도안을 그려 놓는다. 안감에도 마찬가지로 도안을 그린다.

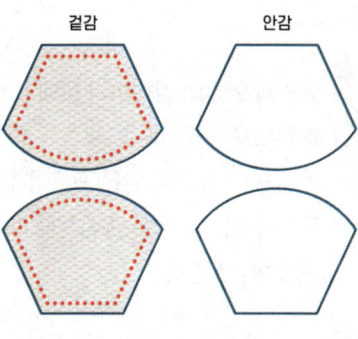

2 겉감의 겉면끼리, 안감의 겉면끼리 마주대고 시침핀으로 고정한다.

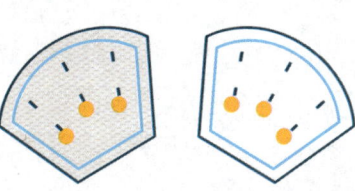

3 점선 부분을 전체 박음질한다. 안감은 창구멍을 약 6cm 남기고 전체 박음질한다.

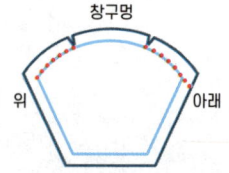

Q 외출 뒤 옷·신발은 어떻게 하나요?

A 세탁 시 바이러스가 사멸한다. 산책 등 사람이 밀집한 곳이 아닌 경우 감염 가능성이 낮아 매번 세탁할 필요는 없다. 신발 바닥 소독은 권장하지 않는다.

- 의류 24시간

의 물건을 접촉하기 전후에 손을 물과 비누로 깨끗이 씻는 예방수칙을 잘 지켜야 한다.

※출처 : WHO, Q&A on coronaviruses

Q 이 지침에 포함되지 않는 소아, 투석환자 등 특수분야에 해당하는 경우는 어떻게 하나요?

A 본 지침에서 규정한 행정사항을 제외하고 의학적 판단에 관한 사항은 관련학회 지침을 준용한다.

※출처 : 코로나19 대응지침 [인공신장실], [신생아, 영아, 소아청소년], [중증환자], [수술실] 등

9) 일상 속 코로나 바이러스

Q 택배 · 배달음식은 괜찮나요?

A 확진자가 배달한 경우가 아니라면 감염 가능성은 낮다.
- 종이류 표면에서 최장 생존 시간 24시간

Q 버스 · 지하철 이용은 어떤가요?

A 손 씻기, 마스크로 감염 예방 가능하며, 공기 중 바이러스는 몸이나 옷에 잘 달라붙지 않는다.
- 버스·지하철 플라스틱 손잡이 72시간
- 승객 재채기로 생긴 바이러스 비말 30분

Q 마트나 쇼핑을 가도 될까요?

A 손 씻기와 손소독제로 예방 가능하며, 대부분의 바이러스는 생체 세포를 떠나면 수시간 안에 감염력을 잃는다.
- 진열대 유리 표면 96시간
- 카트 손잡이(플라스틱) 72시간

⑦ 침대 시트, 베개 덮개, 담요 등은 세탁기와 세제를 넣고 온수 세탁한다.
⑧ 코로나 바이러스 감염증-19 의사 환자가 사용했던 매트리스, 베개, 카펫, 쿠션 등은 검사 결과가 나올 때까지 사용하지 않는다.
 * 검사 결과가 양성인 경우, 세탁이 어려운 매트리스, 카펫 등은 전문소독업체에 위탁하여 적절하게 소독하거나 스팀(고온) 소독
⑨ 소독에 사용한 모든 천(타월)과 소독 시 발생하는 폐기물은 전용봉투에 넣는다.
⑩ 일회용 가운을 벗고 비누와 물로 손을 씻는다. → 장갑을 벗고 비누와 물로 손을 씻는다. → 고글을 제거하고 비누와 물로 손을 씻는다. → 보건용 마스크를 제거하고 비누와 물로 손을 씻는다.
⑪ 일회용 가운, 장갑과 마스크는 각각 벗을 때마다 전용봉투에 넣는다.
⑫ 소독 과정에서 발생하는 모든 폐기물은 다른 가정용 폐기물과 분리하여 처리한다.
⑬ 청소 후 즉시 샤워하고 옷을 갈아입는다.
⑭ 소독한 장소를 환기시킨다.
⑮ 소독 후 14일 이내에 코로나19 임상증상이 발생 시 시설 내 지정장소에서 머물게 하고, 보건소나 질병관리본부 콜센터(1339 또는 지역번호+120)에 문의한다.
 * 코로나19 환자 발생 시 전문소독업체에 위탁 권고

Q 개나 고양이 등의 반려동물로부터 코로나19가 감염될 수 있나요?

A 아직까지 코로나19의 전파 경로에 대해 알지 못하는 점들이 많다. 현재까지는 개나 고양이와 같은 애완동물로부터 사람에게 전파된 사례는 보고되지 않은 것으로 알려져 있다. 반려동물이 코로나19 바이러스에 감염된 사례들이 보고되었는데, 대부분 코로나19에 감염된 사람과 접촉한 후에 감염되었다.

코로나19나 다른 질병을 예방하기 위해서는, 반려동물이나 반려동물

코로나19 환자가 이용한 시설을 소독할 때에는 공간을 비워야 하고 다시 그 공간을 이용할 수 있는 시기는 사용한 소독제와 환기 방법에 따라 다르다. 소독 이후 바이러스는 사멸하나, 사용한 소독제의 특성을 고려하여 충분한 환기 후 사용 재개를 결정한다.

다만, 차아염소산나트륨(가정용 락스)을 사용한 경우에는 냄새나 위해성 등을 고려하여 소독 후 환기를 다음날까지 하고 그 다음날 사용 가능하다.

Q 가정에서 코로나19 확진 환자 발생 시 소독하는 방법을 알려주세요.

※「코로나 바이러스 감염증-19 대응 집단시설 · 다중이용시설 소독 안내(3-3판)」 참조

A ① 소독을 시작하기 전에 방수성 장갑과 보건용 마스크를 착용하고 청소 및 소독을 하는 동안 얼굴(눈, 코, 입)을 만지지 않는다.

② 소독제 희석액을 준비한다.

  * 환경부 허가 제품, 차아염소산나트륨(가정용 락스), 70% 알코올 등

  ※ 차아염소산나트륨 희석 방법
  - 희석 배율 : 0.1% 혹은 1000ppm
  - 희석방법 : 5% 락스를 1:50으로 희석: 물 1,000mL, 5% 락스 20mL
  - 접촉시간 : 구멍이 없는 표면은 10분 이상, 물품 침적 시 30분 침적
   ** 알코올은 차아염소산나트륨 사용이 적합하지 않은 표면(예: 금속)에 사용

③ 환기를 위해 창문을 열어 둔다.

④ 더러운 표면은 소독 전에 세제(또는 비누)와 물을 사용하여 청소한다.

⑤ 소독 구역의 한쪽 끝에서 다른 쪽 끝까지 준비된 소독제로 바닥을 반복해서 소독한다.

⑥ 준비된 소독제로 천(타월)을 적신 후 자주 사용하는 모든 부위*와 화장실 표면을 닦는다.

  * 손잡이, 팔걸이, 책상, 의자, 키보드, 마우스, 스위치, 블라인드, 창문, 벽 등

-현지 시장 등 감염 위험이 있는 장소 방문 자제
-손 씻기, 기침 예절 등 개인위생 철저히 지키기

- **방문 후**

  14일 이내 발열 또는 호흡기 증상(기침, 호흡곤란 등)이 발생하면 질병관리본부 콜센터(☎1339, 지역번호＋120) 또는 보건소로 문의한다. 또한 의심 증상으로 진료를 받고자 할 경우는 지역 내 선별진료소를 우선으로 방문하고, 진료 전 의료진에게 반드시 해외여행력을 알린다.

Q 청소만으로 코로나19를 예방할 수 있나요?

A 일반적으로 바이러스는 적어도 2~3일 동안 다른 물질의 표면에서 생존할 수 있으며, 결과적으로 오염된 표면은 사람이 이러한 표면과 직접 접촉할 때 바이러스가 전파될 수 있다. 청소는 세균이나 바이러스를 죽이지는 않지만 닦아낼 수는 있으므로 병원체의 수가 줄어 감염 위험을 낮출 수 있다. 코로나19 확진자 또는 의심환자로 인해 표면에 바이러스가 묻었다고 생각되면 청소하고 소독해야 한다. 소독하면 표면에 있는 바이러스를 죽일 수 있다. 따라서 바이러스가 전염되는 것을 막기 위해 자주 접하는 부분을 청소하고 소독하는 것이 중요하다.

Q 코로나19 확진 환자가 다녀갔던 집단·다중시설 등의 경우 어떻게 소독이 이루어지나요?

※「코로나 바이러스 감염증-19 환자 이용 집단시설·다중이용시설 소독 안내(제3-2판)」 참조

A 코로나19 환자의 동선을 파악하여 소독 범위를 결정하고 소독 방법을 선택한다. 동선 파악이 불가능한 경우, 일반인의 이용 및 접촉이 잦은 대상 및 구역을 설정하여 소독 계획을 마련한다.

다중시설 내에서 환자가 이용하지 않은 공간(구역)의 경우 자체 일상적인 소독을 시행한다.

시설에서 진단 검사를 실시하고, 검사 결과가 나오기 전까지 임시격리 관찰을 하고 있다. 검역 단계에서 증상이 없는 무증상자 내국인 및 장기체류 외국인의 경우, 입국일로부터 14일간 자가격리를 수행하고 발열 및 호흡기 증상 등의 감염 의심 증상이 나타날 경우 진단 검사를 받아야 한다. 검역 단계에서 증상이 없는 무증상 단기체류 외국인의 경우, 시설에서 14일간 격리하게 되며, 시설 입소 후 코로나19 의심증상이 발생할 경우 검체 채취 및 진단검사를 받게 된다(진단검사결과 상 음성일 경우에도 잠복기 14일간 시설격리를 지속). 한편, 진단 검사 결과가 '양성'인 입국자는 격리치료병상 또는 생활치료센터로 이송되어 치료를 받게 된다.

8) 기타

Q 해외여행을 예약했는데, 여행을 가도 되나요?

A 코로나19가 전세계적으로 확산되고 있어 해외여행에 각별한 주의가 필요한 상황이며 여행 전에 질병관리본부 '해외감염병 NOW'에서 제공하는 해외발생동향과 외교부 해외안전여행 홈페이지를 통해 우리나라 여행객에 대한 입국 금지, 격리 등 방역을 위한 입국 제한 조치를 실시하고 있는 국가를 확인한다.

※(해외감염병 NOW) http://www.해외감염병now.kr/infect/occurrence_list.do
　(외교부 해외안전여행) http://www.0404.go.kr/dev/main.mofa

- **방문 전**
  - 질병관리본부 '해외감염병NOW'에서 발생 정보 및 감염병 예방 수칙 확인
  - 외교부 해외안전여행에서 입국 제한 조치 실시국가 확인

- **방문 중**
  - 가금류, 야생동물과의 접촉 피하기
  - 호흡기 유증상자(발열, 호흡곤란 등)와의 접촉 피하기

7) 검역

Q 현재 입국 시 검역은 어떻게 이루어지고 있나요?

A 한국으로 입국하는 내국인 및 외국인은 건강상태질문서를 작성하여 해외여행력 및 건강상태를 신고하여야 하며, 특별입국절차에 따라 특별입국신고서를 제출하여야 한다. 특별입국신고서 상 한국 내 연락처 및 거주지가 확인되어야 입국이 가능하다. 또한, 모든 입국자는 14일간 격리를 수행하여야 한다.

* 내국인 및 장기체류외국인은 검역 단계에서 자가격리자 안전보호앱을 설치하여 입국 후 지역사회에서 유증상자 모니터링 실시

Q 유럽 출발 입국자에 대하여 어떤 조치가 이루어지고 있나요?

A 검역 단계에서 발열 또는 호흡기 증상이 있고, 역학적 연관성이 있다고 판단되는 경우 검역소 격리시설에서 진단검사를 실시하고, 검사결과가 나오기 전까지 임시격리관찰을 하고 있다. 검역 단계에서 증상이 없는 무증상자 내국인의 경우, 입국 후 3일 이내 관할 보건소에서 검체 채취 및 진단 검사를 받아야 하며 입국 후 14일간 자가격리를 수행해야 한다. 무증상 외국인일 경우 입국 시 검체 채취 및 진단 검사를 받게 되며 검사 결과가 나올 때까지 시설에서 대기하게 된다. 검사 결과가 '음성'일 경우, 장기체류 외국인은 내국인과 마찬가지로 14일간 자가격리를 수행하게 된다. 단, 단기체류 외국인의 경우에는 지정된 시설에서 잠복기 14일간 격리를 지속하게 된다. 한편, 진단 검사 결과가 '양성'인 입국자는 격리치료병상 또는 생활치료센터로 이송되어 치료를 받게 된다.

Q 현재 유럽 외 국가에서 입국 시 검역은 어떻게 이루어지고 있나요?

A 유럽발 외 국가에서 입국하는 사람 중 검역 단계에서 발열 또는 호흡기 증상이 있고, 역학적 연관성이 있다고 판단되는 경우 검역소 격리

Q 코로나19가 수유를 통해 전염될 수 있나요?

A 모유 수유를 통한 코로나19의 전파는 지금까지 보고되지 않았다. 모유 수유를 중단하거나 피하지 않아도 된다.

※출처: WHO, Q&A on COVID-19 and breastfeeding

Q 코로나19에 감염되어도 수유할 수 있나요?

A 모유 수유는 신생아, 영아의 건강과 발달에 도움이 되며 엄마의 건강에도 도움이 된다.

엄마가 코로나19로 확진되거나 의심이 되더라도 손 위생, 마스크 착용, 기침 예절 등의 예방 수칙을 지키면서 수유가 가능하다.

마스크 착용이 불가능한 경우라도, 다른 예방 수칙을 지키면서 수유가 가능하다.

※출처: WHO, Q&A on COVID-19 and breastfeeding

Q 어린이들은 코로나19에 얼마나 위험한가요?

A 현재까지의 연구에 의하면, 성인에 비해 어린이의 위험도는 낮은 편이다. 일부 어린이와 유아에서 코로나19 발병 사례들이 있으나, 현재까지 알려진 대부분의 사례는 성인이다. 어린이는 코로나 19에 걸리더라도 대부분 경한 증상만 나타내며 좋은 예후를 보였다.

Q 코로나19에 걸린 어린이의 증상은 성인과 다른가요?

A 코로나19의 증상은 어린이와 성인이 비슷하지만, 어린이는 일반적으로 코로나19에 걸리더라도 경한 증상만을 나타냈다. 소아에서 보고된 증상으로는 열, 콧물, 기침 등의 감기와 비슷한 증상, 구토와 설사 같은 소화기 증상 등이 있었다. 코로나19에 걸린 어린이들 중 소수에서 가와사키병과 유사한 중증 염증성 질환이 나타났다는 사례가 보고되었다. 이에 대한 연구가 진행 중이다.

※출처: Covid-19: concerns grow over inflammatory syndrome emerging in children BMJ 2020; 369.

향을 받을 수 있다. 따라서 임산부는 코로나19로부터 자신을 보호하기 위해 예방 조치를 취해야 한다.

※출처: WHO, Q&A on COVID-19 and pregnancy and childbirth

Q 임산부는 어떻게 코로나19 예방을 할 수 있나요?

A 임산부도 코로나19 감염을 예방하기 위해 예방수칙을 지켜야 한다. 다음 예방수칙을 통해 자신을 보호할 수 있다.

- 비누와 물로 손을 자주 씻거나, 알코올 성분의 손 위생을 실시한다.
- 자신과 다른 사람 사이에 2m(최소 1m) 거리를 유지하고 붐비는 공간을 피한다.
- 기침이나 재채기를 할 때, 팔꿈치나 휴지로 입과 코를 가리고 사용한 휴지는 즉시 휴지통에 버린다.
- 발열이나 기침 등의 증상이 있거나 호흡곤란이 있으면 신속히 치료를 받아야 한다.

※출처: WHO, Q&A on COVID-19 and pregnancy and childbirth

Q 임산부도 코로나 검사를 받아야 하나요?

A 코로나19 증상이 있거나, 코로나19가 의심되는 임산부는 검사를 받아야 한다. 코로나 바이러스감염증-19에 감염된 경우 전문적인 치료가 필요할 수 있다.

※출처: WHO, Q&A on COVID-19 and pregnancy and childbirth

Q 코로나19가 태아에게 전염될 수 있나요?

A 코로나19를 가진 임산부가 임신 또는 분만 중에 태아나 아기에게 코로나19를 전염시킬 수 있는지는 아직까지 불명확하다. 현재까지 양수 또는 모유에서 바이러스가 발견되지 않았다.

※출처: WHO, Q&A on COVID-19 and pregnancy and childbirth

음성이면 해제한다. 단, 다른 환자들이 격리 해제 기준에 부합하지 않더라도 임상기준과 검사기준이 충족하면 해제 가능하다.

Q 유증상 확진 환자의 격리 해제 기준은 어떤가요?

A 유증상 확진 환자의 격리 해제는 임상기준과 검사기준이 충족되어야 하며, 임상기준은 해열제 복용 없이 발열이 없고 임상증상이 호전된 경우, 검사기준은 PCR 검사 결과 24시간 이상 간격으로 연속 2회 음성이면 격리 해제한다. 임상기준이 부합하면 검사기준이 충족되지 않아도 퇴원하여 자가격리 또는 시설치료가 가능하나, 격리 해제는 검사기준이 충족되어야 한다.

Q 확진자가 격리 해제된 이후 바로 등교/출근할 수 있나요?

A 확진자의 격리 해제 기준에 부합하여 격리 해제된 경우에는 바로 일상생활로 복귀할 수 있다. 다만, 코로나19 감염을 예방하고 지역사회 전파를 차단하기 위해 코로나19 행동 수칙을 준수하여야 한다.

Q 확진자가 격리 해제된 이후에 다른 확진자와 접촉하면 접촉자로 관리해야 하나요?

A 확진자가 격리 해제됐더라도 그 이후에 다른 확진자와 접촉한 경우에는 코로나19에 새롭게 감염될 가능성을 배제할 수 없으므로 접촉자 관리를 실시해야 한다.

6) 임신과 출산

Q 임산부는 코로나19에 더 위험한가요?

A 코로나19가 임산부에게 미치는 영향에 대한 연구가 진행 중이다. 아직까지 임산부가 일반인에 비해 코로나19에 더 취약하다는 증거는 없다. 그러나 임산부는 신체와 면역 체계의 변화로 호흡기 감염에 나쁜 영

해 항생제를 사용할 수 있다.

Q 코로나19로 확진되면 국가에서 치료비를 지원해 주나요?

A 「감염병의 예방 및 관리에 관한 법률」에 의해 국가 및 지자체에서 부담한다.

5) 격리 및 격리 해제

Q 공동격리(코호트 격리)란 무엇입니까?

A 공동격리(코호트 격리)는 동일한 병원체에 노출되거나 감염을 가진 환자군(코호트)이 함께 배치되는 병실, 병동의 개념이며, 감염원의 역학 및 전파 방식에 따라 임상 진단, 미생물학적 검사 결과를 바탕으로 설정한다.

Q 어떤 상황에서 환자를 공동격리(코호트) 영역에 배치해야 합니까?

A 공동격리(코호트 격리)는 전파주의를 요하는 치료가 필요한 환자가 다수 발생한 상황에서 이들을 분산 배치할 병실이 부족한 경우 고려할 수 있는 접근 방식이다. 환자의 병상은 최소 2m의 간격을 두는 것이 중요하며 커튼은 추가적인 물리적 차단방법으로 사용 가능하다.

Q 무증상 양성자의 격리 해제 기준은 어떤가요?

A 확진 후 7일째 PCR 검사 결과 양성이면, 이후 7일 후 검사(확진일로부터 14일째), 이 결과도 양성이면 이후 검사주기는 의료진 등이 결정하여 24시간 간격으로 2회 음성이면 격리 해제한다.

Q 공동격리(코호트 격리) 해제 기준은?

A 확진 환자 공동격리(코호트 격리) 중 확진 환자가 해열제 복용 없이 발열이 없고 다른 임상 증상이 호전되어 검사 결과 24시간 간격으로 2회

- **유전자 검사**

    검사가 가능한 선별진료소는 직접 검사하고, 그렇지 않은 경우는 수탁검사기관으로 검사를 의뢰한다.

Q 유전자 검사 시간은 얼마나 걸리나요?

A 검사는 6시간 정도 소요되지만 검체 이송 시간 및 대기시간 등을 고려하면 검사 후 1~2일 이내에 결과를 확인할 수 있다.

Q 검사 비용은 어떻게 되나요?

A 의사 환자 및 조사 대상 유증상자로 신고한 경우는 검사 비용의 본인 부담금이 발생하지 않는다. 다만 일반 진찰, X-ray 검사 등 다른 진료 비용은 본인이 부담한다.

4) 치료

Q 코로나19의 치료법이 있나요?

A 대증 치료로 코로나 바이러스 감염증-19의 증상을 완화시킬 수 있지만, 아직까지 질병을 예방하거나 치료하는 것으로 확실하게 밝혀진 특이 치료제는 없다. 최근 FDA에서 렘데시비르라는 약이 치료제로 긴급 승인되어 사용 중이다.

Q 항생제가 코로나19의 예방이나 치료에 도움이 되나요?

A 일반적으로 항생제는 바이러스 감염에는 효과가 없고 세균감염에 효과적이다. 코로나19는 바이러스 감염에 의해 발생하므로 항생제는 코로나19에 효과가 없다.

하지만 코로나19 중증의 환자에게 합병증으로 2차 세균 감염이 발생할 수 있으므로 세균 감염을 예방하거나 동반된 세균 감염을 치료하기 위

Q 검사는 어떻게 이루어지나요?

A • **검체 채취**

검체는 의사, 간호사, 임상병리사가 지정된 장소(선별진료소 등)에서 채취한다. 필수 검체는 상기도 검체이며, 하기도 검체는 가래가 있는 환자에서 채취한다. 검체 채취 시 불편감·통증이 있을 수 있다.

※ 간호사와 임상병리사는 의사의 지도하에 시행

① **상기도 검체** : 비인두 및 구인두 도말물 혼합(1개 튜브)
  – 비인두도말 : 콧구멍 깊숙이 면봉을 삽입하여 분비물 채취
  – 구인두도말 : 면봉으로 목구멍 안쪽 벽의 분비물을 긁어서 채취

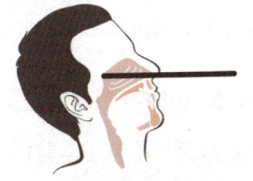
▲ 비인두도말물 채취 방법

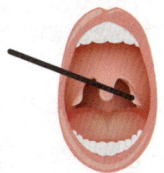
▲ 구인두도말물 채취 방법

※ 출처: ADAM, 인플루엔자, 신종플루엔자 범 부처 사업단(TEPIIK)

② **하기도 검체** : 타액 등이 포함되지 않도록 깊이 기침하여 가래 채취

가래가 없는 경우는 억지로 뱉으면 에어로졸 발생 가능성이 있으므로 가래 유도 금지

▲ 구강 세척

▲ 무균용기 사용

▲ 기침 유도하여 가래 채취

▲ 완전 밀봉 (4℃ 유지)

- **의사 환자**

  확진 환자와 접촉한 후 14일 이내에 발열 또는 호흡기 증상(기침, 호흡곤란 등)이 나타난 자

- **조사 대상 유증상자**

  ① 의사의 소견에 따라 코로나19 임상증상으로 코로나19가 의심되는 자

  ② 해외 방문력이 있으며 귀국 후 14일 이내에 코로나19 임상증상이 나타난 자

  ③ 코로나 바이러스 감염증-19 국내 집단 발생과 역학적 연관성이 있으며, 14일 이내 코로나19 임상증상이 나타난 자

  * 주요 임상증상 : 발열, 기침, 호흡곤란, 오한, 근육통, 두통, 인후통, 후각·미각손실 또는 폐렴 등

Q 의사 환자와 조사 대상 유증상자는 어떻게 다른가요?

A 의사 환자는 확진 환자 접촉자 중 유증상자로 코로나19 감염 가능성이 높은 경우이고, 조사 대상 유증상자는 의사 환자보다 위험도는 낮은 것으로 판단되나 국외 방문력, 국내 집단발생과 역학적 연관성, 의사 소견에 따라 코로나19 임상증상으로 코로나19 감염이 의심되는 경우이다. 조사 대상 유증상자는 일반 의료기관에서 검체 채취 시 Ⅷ. 실험실 검사 관리 내용을 숙지하고 시행하도록 한다.

Q 어디에서 검사를 받을 수 있나요?

A 검체 채취가 가능한 선별진료소 및 일반의료기관에서 검사를 받을 수 있다. 질병관리본부 홈페이지에서 진료 가능한 선별진료소를 확인할 수 있다. 자세한 문의 사항은 질병관리본부 콜센터(☎1339, 지역번호 +120) 또는 보건소에서 상담 가능하다.

* 질병관리본부 홈페이지 → 코로나 바이러스 감염증-19 → 선별진료소 및 국민안심병원 찾기

Q 접촉자가 되면 어떻게 되나요?

A 확진 환자와 마지막으로 접촉한 날로부터 14일 동안 격리(자가, 시설, 병원)를 실시한다. 시·도지사 또는 시장·군수·구청장은 접촉자에게 격리 통지서를 발부하고, 생활수칙을 안내하며, 1:1로 담당자를 지정하여 격리 해제 시까지 매일 2회 유선 연락하여 발열 또는 호흡기 증상 여부를 확인한다.

Q 자가격리 시 주의할 사항은 무엇인가요?

A 자가격리자는 독립된 공간에서 혼자 생활하며, 방문을 닫은 채로 창문을 열어 자주 환기시키고, 가능한 혼자만 사용할 수 있는 화장실과 세면대가 있는 공간을 사용하여야 한다.

공용화장실, 세면대를 사용한다면, 사용 후 소독(락스 등 가정용 소독제) 후 다른 사람이 사용하도록 한다.

자가격리 대상자의 생활 준수사항으로는 개인용 수건, 식기류, 휴대전화 등 개인물품을 사용하도록 하고 있으며, 의복 및 침구류는 단독 세탁하고, 식사는 혼자서 하며, 식기류 등은 별도로 분리하여 깨끗이 씻기 전에 다른 사람이 사용하지 않도록 한다.

Q 자가격리 중 외출한 사람들에 대한 법적 처벌기준이 있나요?

A 「감염병의 예방 및 관리에 관한 법률」 제79조의3에 따라 1년 이하의 징역 또는 1천만 원 이하의 벌금형에 처할 수 있다(2020.4.5. 시행).

3) 검사

Q 누가 검사를 받을 수 있나요?

A 본 지침 상의 사례 정의에 따라 의사 환자 및 조사 대상 유증상자로 분류되는 경우에 검사를 받을 수 있다. 막연한 불안감으로 검사를 받을 필요는 없으므로, 의사선생님의 전문적인 판단을 신뢰하도록 한다.

Q 무증상환자도 다른 사람을 전염시킬 수 있나요?

A 코로나19의 주요 전파 방법은 코로나19에 감염된 사람이 숨을 내쉬거나, 기침이나 재채기를 할 때 생성되는 호흡기 비말이 근처에 있는 사람들의 호흡기에 직접 닿거나, 비말이 묻은 손 또는 물건 등을 만진 뒤 눈, 코 또는 입을 만질 때 점막을 통해 전염되는 것이다.

코로나19의 많은 환자들은 가벼운 증상만을 경험하지만, 증상이 가벼운 환자의 일부는 질환의 초기라서 증상이 약하게 나타나는 것일 수 있다. 경미한 기침 증상만 있거나, 증상을 잘 느끼지 못하는 사람의 경우에도 전염이 가능하다.

무증상의 경우에도 전염이 가능하다는 연구가 있다. 하지만 아직까지 정확하게 알려지지 않아 연구가 지속되고 있다.

※출처: WHO, Q&A on coronaviruses

2) 접촉자

Q 접촉자 범위는 어떻게 설정하나요?

A 접촉자의 범위는 시·도 즉각 대응팀이 노출 정도를 평가하여 판단하게 된다. 접촉자는 확진 환자의 증상 및 마스크 착용 여부, 노출력(접촉 장소·접촉 기간 등) 등을 고려하여 증상 발생 2일 전(무증상의 경우 검체 체취일 기준 2일 전)부터 접촉자 범위를 설정하고 있다.

Q 마스크를 착용하지 않은 코로나19 환자를 진료 시 의료진은 개인보호구를 착용했는데 접촉자로 분류되나요?

A 의료기관의 상황에 따른 개인보호구를 올바르게 착용하고 탈의하면 접촉자로 분류하지 않는다. 접촉자 범위는 시·도 즉각대응팀이 확진 환자의 증상 및 마스크 착용 여부, 체류 기간, 노출 상황 및 시기 등을 고려하여 최종 결정한다.

4. FAQ

1) 병원체 정보

Q 코로나 바이러스는 어떤 바이러스인가요?

A 코로나 바이러스는 동물 및 사람에게 전파될 수 있는 바이러스로, 그 중 사람에게 전파 가능한 사람 코로나 바이러스는 현재 6종이 알려져 있다. 이 중 4종은 감기와 같은 질병을 일으키는 바이러스이며, 나머지 2종은 각각 MERS 코로나 바이러스와 SARS 코로나 바이러스로 알려져 있다. 이번 유행의 원인 바이러스는 새로운 코로나 바이러스(SAR-CoV-2)로 공개된 염기서열분석을 통해 코로나19 바이러스가 박쥐 유래 사스 유사 바이러스와 89.1% 일치하는 것을 확인하였다.

Q 코로나19는 어떻게 전염되나요?

A 코로나19 바이러스의 전파 경로는 비말(침방울) 및 호흡기 분비물(콧물, 가래 등)과의 접촉이다. 바이러스에 감염된 사람이 기침, 재채기했을 때 공기 중으로 날아간 비말이 다른 사람의 호흡기로 들어가거나, 손에 묻은 바이러스가 눈·코·입 등을 만질 때 점막을 통해 바이러스가 침투하여 전염된다.

Q 코로나19의 증상은 어떤 것이 있나요?

A 코로나19의 가장 흔한 증상은 열, 피로 및 마른 기침이고, 일부 환자는 통증, 코 막힘, 콧물, 인후염 또는 설사를 경험할 수 있다. 이러한 증상은 대개 경미하게 나타나고, 어떤 사람들은 감염되지만 증상이 나타나지 않고 불편함으로 느끼지 않을 수도 있다. 대부분의 환자들(약 80%)은 특별한 치료 없이 회복되나, 고령자나 고혈압, 심장질환 또는 당뇨병과 같은 기저질환이 있는 사람들은 중증으로 진행될 가능성이 높아 발열, 기침, 호흡곤란이 있는 사람은 치료를 받아야 한다.

※출처: WHO, Q&A on coronaviruses

올바른 손 씻기 6단계

2) 국민안심병원 이용

일반 환자의 의료 이용을 보장하고 감염 위험을 막기 위해 비호흡기 질환자와 호흡기 질환자를 분리하여 진료하는 '국민안심병원'을 운영 중이다. 안심병원은 일반 환자와 호흡기 환자 외래 구역을 구분하여 운영하는 유형(유형 A)과 호흡기 외래와 더불어 검체 채취 가능한 선별진료소, 호흡기 환자 전용 입원실까지 함께 운영하는 유형(유형 B)이 있다.

안심병원 외에도, 일반 환자는 의료기관에 방문하지 않아도 전화 상담·처방 및 대리 처방을 받을 수 있어 병원 내 감염을 예방할 수 있다.

고혈압, 심장질환 등 비호흡기 환자들은 국민안심병원 일반외래를 이용하고, 단순 경미한 호흡기 증상을 가진 환자들은 가까운 의원이나 국민안심병원 호흡기 외래를 이용한다.

코로나19 증상이 의심되는 의사 환자나 조사 대상 유증상자는 먼저 관할 보건소 또는 1339 콜센터 등에서 상담을 받은 후 선별진료소를 방문할 것을 권장한다.

3. 예방 조치 안내

1) 국민 행동수칙 준수

일반 국민 예방 수칙

물과 비누로 꼼꼼히 자주 손 씻기

씻지 않은 손으로 눈·코·입 만지지 않기

기침할 때는 옷소매로 입과 코를 가리고 하기

발열, 기침 등 호흡기 증상이 있는 사람과 접촉 피하기

사람 많은 곳 방문 자제하기

노인·임산부·만성질환자 등은 외출 시 마스크 착용하기

유증상자(발열, 호흡기 증상(기침, 목 통증 등)이 나타난 사람) 예방 수칙

발열, 기침 등 호흡기 증상이 있을 시 마스크 착용하기

외출을 자제하고 집에서 하루 이틀 경과를 관찰하며 휴식 취하기

의료기관 방문 시 마스크 착용 및 자차 이용하기

진료 의료진에게 해외 여행력 및 호흡기 질환자 접촉 여부 알리기

의료인과 방역 당국의 권고 잘 따르기

발열, 기침 등 호흡기 증상 있을 시 대형병원, 응급실 방문 자제하고, 관할 보건소·120콜센터 또는 1339 콜센터에 상담하기

가 양성이면 이후 검사주기(확진 후 10일째, 14일째 등)는 의료진 등이 결정하여 진행하며 24시간 간격으로 검사를 하여 2회 음성이 나오면 격리 해제된다.

생활치료센터는 주로 퇴원 기준으로 퇴원한 경증 환자나 무증상 확진자 중 자택에서 치료가 어려운 경우 입소하여 격리하는 시설이다. 이 시설에서는 의료진이 1일 2회 이상 모니터링을 시행하고 증상 악화 시엔 의료기관으로 신속 이송, 증상 완화 시엔 격리 해제 기준에 따라 퇴소하게 된다(약 3주).

생활치료센터는 각 시도별로 국가운영시설, 숙박시설 등을 지정하여 운영하며, 의료진 및 의료장비(산소포화도 측정기, 체온계, 혈압계, 심폐소생술 세트, 흉부 X선 촬영기 등), 개인구호키트(속옷, 세면도구, 마스크 등) 및 위생키트(체온계, 의약품)를 지원한다.

한편, 입원 대기 중인 확진자에게는 전화 상담과 필요 의약품 공급 등 24시간 전담 진료제를 실시하고 있다. 입원 대기 환자는 공공기관 자료를 활용해 환자들의 기저질환을 미리 확인하고, 신속하게 중증도를 분류해 입원치료를 결정한다.

한국 정부는 국민이 감염 예방에 적극 협조하고 생계에 지장을 받지 않도록, 확진 환자는 입원·치료비, 의심 환자 등의 진단검사비는 전액 건강보험 또는 국비로 지원한다. 또한, 자가격리자나 입원 대상자에 대해서는 생활지원비 또는 유급휴가비를 지원하고, 사망 시에는 장례비를 지급한다. 단, 해외 입국자에 대해서는 격리시설 이용 시 비용을 징수하고 생활지원비는 지원하지 않는다.

4) 격리 해제

확진 환자 중 증상이 있는 경우 임상 기준과 검사기준이 충족되면 격리 해제된다. 임상 기준은 해열제를 복용하지 않고 발열이 없으며 임상 증상이 호전된 경우이며, 검사기준은 PCR 검사 결과 24시간 간격으로 2회 검사를 하여 음성 결과를 확인하는 것이 원칙이다.

확진 환자 중 증상이 없는 경우에는 확진일로부터 7일째 검사 결과가 24시간 간격으로 2회 음성이면 격리 해제되며, 확진일로부터 7일째 검사 결과

코로나19 의심 증상 발생 시 행동수칙

- 코로나19 감염이 의심되면, 외출을 자제하고 보건소 또는 콜센터(1339 또는 지역번호+120)로 먼저 상담한다.
- 1339 콜센터 안내에 따라 반드시 마스크를 착용한 후 선별진료소가 있는 의료기관을 방문하고, 방문 시 의료진에게 해외 여행력을 알려야 한다.

2) 선별진료소 방문 및 검사

의사 환자일 경우, 선별진료소(보건소 또는 의료기관)의 격리공간 또는 독립된 공간으로 이동하여 검체 채취가 진행된다. 검사 결과가 음성일 경우에는 자가격리기간 유지(최종 접촉일 기준 14일) 후 격리가 해제되며, 검사 결과가 양성일 경우에는 증상의 중증도에 따라 적절한 치료를 받는다.

조사 대상 유증상자의 경우도 의사 환자와 동일하게 격리공간 또는 독립된 공간으로 이동하여 검체 채취가 진행되며, 검사 결과가 양성일 경우 증상의 중증도에 따라 적절한 치료를 받는다. 다만, 검사 결과가 음성일 경우에는 보건교육(외출 금지, 대중교통 이용 금지, 가족과 동선 겹치지 않기 등)을 받고 증상발현일 이후 14일까지 보건교육 내용을 준수할 것을 권고받게 된다.

3) 확진 환자 치료 및 지원

한국 정부는 환자를 중증도에 따라 분류하고 중증환자는 입원 치료를 우선 제공하고, 입원이 필요하지 않은 확진자에 대해서는 자택이나 시설에서 의료서비스 지원 및 증상 모니터링 등을 하기 위함이다.

먼저, 보건소에서 확진자를 확인하고, 시도별로 구성된 환자 관리반 의료진이 확진자 중증도를 4가지(경증·중등도·중증·최중증)로 분류한다. 중등도·중증·최중증 환자 등은 환자 상태에 따라 감염병 전담병원, 국가지정 입원치료기관 등에 치료 병상을 배정하여 신속히 입원치료하게 된다.

2. 환자 치료 및 관리

1) 사례 정의 및 검사 대상 (2020.6.25. 기준)

코로나 바이러스 감염증-19(코로나19)는 임상양상, 역학적 특성에 대한 정보가 구체적으로 밝혀질 때까지 '제1급감염병 신종감염병증후군'을 적용하여 대응한다. 대한민국 질병관리본부 사례 정의에 따라 의사 환자 및 조사 대상 유증상자는 진단검사를 받을 수 있다.

사례 정의 (2020.6.25. 기준)

- **확진 환자(Confirmed case)**
  임상 양상에 관계없이 진단을 위한 검사기준에 따라 감염병 병원체 감염이 확인된 자
  ※ 자가진단 항목 : 진단검사 : 코로나 바이러스 감염증-19 유전자(PCR) 검사, 바이러스 분리

- **의사 환자**
  확진 환자와 접촉한 후 14일 이내에 발열(37.5℃ 이상) 또는 호흡기 증상(기침, 호흡곤란 등)이 나타난 자

- **조사 대상 유증상자**
  ① 의사의 소견에 따라 원인 미상 폐렴 등 코로나19가 의심되는 자
  ② 해외 방문력이 있으며 귀국 후 14일 이내에 발열(37.5℃ 이상) 또는 호흡기 증상(기침, 호흡곤란 등)이 나타난 자
  ③ 코로나 바이러스 감염증-19 국내 집단 발생과 역학적 연관성이 있으며, 14일 이내 발열(37.5℃ 이상) 또는 호흡기 증상(기침, 호흡곤란 등)이 나타난 자

2) 코로나 바이러스 분류표

속(genus)	사람-코로나 바이러스	사람 이외에 감염하는 코로나 바이러스
알파-코로나 바이러스 (alphacoronavirus)	229E, NL63	돼지 유행성 설사 바이러스(porcine epidemic diarrhea virus : PEDV), (돼지) 전염성 위장염 바이러스 (transmissible gastroenteritis virus : TGEV), 개코로나 바이러스(canine coronavirus : CCoV), 고양이 코로나 바이러스(feline coronavirus : FCoV), Miniopterus bat(박쥐) coronavirus 1, Miniopterus bat(박쥐) coronavirus HKU8, Rhinolophus bat(박쥐) coronavirus HKU2, Scotophilus bat(박쥐) coronavirus 512
베타-코로나 바이러스 (betacoronavirus)	OC43, HKU1, SARS-CoV, MERS-CoV	돼지 혈구 응집성뇌척수염 바이러스(porcine hema-gglutinating encephalomyelitis virus : PHEV), 우코로나 바이러스(bovine coronavirus : BCoV), 말코로나 바이러스 (equine coronavirus : EqCoV), 쥐코로나 바이러스(murine coronavirus : MuCoV),Tylonycteris bat(박쥐) coronavirus HKU4, Pipistrellus bat(박쥐) coronavirus HKU5,Rousettus bat(박쥐) coronavirus HKU9
감마-코로나 바이러스 (gammacoronavirus)	없음	새코로나 바이러스(Avian coronavirus),흰색 돌고래(Beluga whale) - 코로나 바이러스 SW1
델타-코로나 바이러스 (deltacoronavirus)	없음	제주직박구리(Bulbul) - 코로나 바이러스 HKU11, 개똥지빠귀(Thrush) - 코로나 바이러스 HKU12, 킨바라(Munia) - 코로나 바이러스 HKU13

* 포유류, 조류 등 광범위 동물 감염(개, 고양이, 소, 돼지, 말, 닭, 쥐, 박쥐, 돌고래 등)
* 박쥐 CoV는 알파 CoV 또는 베타 CoV에 속함

1. 코로나19란?

* 현재까지 알려진 정보(2020년 4월 2일 기준)

1) 코로나 바이러스 감염증-19(COVID-19) 정보

정의	SARS-CoV-2 감염에 의한 호흡기 증후군
질병 분류	• 법정감염병 : 제1급감염병 신종감염병증후군 • 질병 코드 : U07.1
병원체	SARS-CoV-2 : Coronaviridae에 속하는 RNA 바이러스
전파 경로	현재까지는 비말(침방울), 접촉을 통한 전파로 알려짐 • 기침이나 재채기로 호흡기 비말 등 • 코로나19 바이러스에 오염된 물건을 만진 뒤 눈, 코, 입을 만짐
잠복기	1~14일 (평균 4~7일)

진단 기준	• 환자 : 진단을 위한 검사기준에 따라 감염병병원체 감염이 확인된 사람
	• 진단을 위한 검사기준
	  – 검체에서 바이러스 분리
	  – 검체에서 특이 유전자 검출

증상	발열, 권태감, 기침, 호흡곤란 및 폐렴 등 경증에서 중증까지 다양한 호흡기감염증이 나타남 그 외 가래, 인후통, 두통, 객혈과 오심, 설사 등도 나타남
치료	• 대증 치료 : 수액 보충, 해열제 등 보존적 치료 • 특이적인 항바이러스제 없음
치명률	• 전세계 치명률은 약 3.4%(WTO, 3.5기준) • 고령, 면역기능이 저하된 환자, 기저질환을 가진 환자가 주로 중증, 사망 초래
관리	**환자 관리** • 표준주의, 비말주의, 접촉주의 준수 • 증상이 있는 동안 가급적 집에서 휴식을 취하고 다른 사람과 접촉을 피하도록 권고 **접촉자 관리** • 감염증상 발생 여부 관찰

예방	• 백신 없음
	• 올바른 손 씻기
	  – 흐르는 물에 비누로 30초 이상 꼼꼼하게 손 씻기
	  – 특히, 외출 후, 배변 후, 식사 전·후, 기저귀 교체 전·후, 코를 풀거나 기침, 재채기 후 등에는 반드시 실시
	• 기침 예절 준수
	  – 기침할 때는 휴지나 옷소매 위쪽으로 입과 코를 가리고 하기
	  – 호흡기 증상이 있는 경우 마스크 착용
	• 씻지 않은 손으로 눈, 코, 입 만지지 않기
	• 주위 환경을 자주 소독하고 환기하기

목차

1. 코로나19란?
  1) 코로나 바이러스 감염증-19(COVID-19) 정보 4
  2) 코로나 바이러스 분류표 5

2. 환자 치료 및 관리
  1) 사례 정의 및 검사 대상 6
  2) 선별진료소 방문 및 검사 7
  3) 확진 환자 치료 및 지원 7
  4) 격리 해제 8

3. 예방 조치 안내
  1) 국민 행동수칙 준수 10
  2) 국민안심병원 이용 11

4. FAQ
  1) 병원체 정보 12
  2) 접촉자 13
  3) 검사 14
  4) 치료 17
  5) 격리 및 격리 해제 18
  6) 임신과 출산 19
  7) 검역 22
  8) 기타 23
  9) 일상 속 코로나 바이러스 27

  ★ 면 마스크 만들기 29

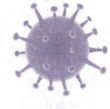

※출처: 질병관리본부 홈페이지 내용 발췌

COVID-19

GUIDE BOOK

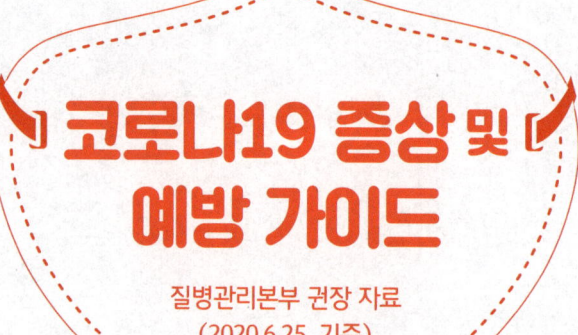

코로나19 증상 및 예방 가이드

질병관리본부 권장 자료
(2020.6.25. 기준)

일과 책임감이 삶의 보람으로 이어진다

반(半) 평도 안 되는 공간과 담요 한 장으로 버티는 대피소 생활. 물도 식량도 연료도 넉넉지 않고, 가족과 재산을 잃고 정보도 부족하다. 대피소에는 여러 가지 어려운 상황이 기다리고 있다. 이러한 많은 고민과 스트레스를 안고 있는 사람들 사이에서 문제가 일어나지 않는 것이 되려 이상할 것이다. 사람은 할 일이 있으면 어떻게든 힘을 낸다. 움직이다 보면 시름이 잊혀지고 운동도 된다. 작은 일상으로의 한 걸음이 슬픔과 탄식을 극복하는 큰 한 걸음이 될 것이다.

대피소에서는 1인 1역

6

대피소에서는 스트레스가 쌓여

문제가 발생하기 마련이다.

일상적이지 않은 대피소 생활에 작은 일상을 재개하자.

재능기부로 미용실을 열었어요!

각자 1인 1역을 담당하도록 하자.

아침 체조 담당

아이와 놀기 담당

점검 담당

알림 담당

제6장 대피 생활과 다시 일어서기

6 리더십이 있는 사람을 리더로 선출하자

리더에 의해 팀 컬러가 결정된다.

캡틴~

리더십의 중요함

집에서도 회사에서도 마찬가지다.

대장부 엄마~

대피소에서는

마을 회장 등이 활약하는 경우가 많을 것이다.

현장에서는 리더에게만 맡기는 것이 아니라

리더를 잘 지지하는 것도 중요하다.

비상시에는 리더의 역할이 크다

대피소에서는 먼저 리더를 결정하는 것이 중요하다. **리더가 없으면 혼란이 가중되기 때문이다.** 리더는 대피소 주민 중에서 투표로 뽑을 수도 있지만 현지 마을 회장이나, 대피소를 제공하는 학교 교장, 주지 등이 맡는 경우도 많다.

과거에는 대피소에서 가장 힘이 센 사람이 좋은 장소를 차지하고 고령자나 약자를 춥고 불편한 자리로 내몬 적도 있었다. 우선 개개인이 제대로 된 의식을 가지고, 리더가 과도하게 부담을 느끼지 않도록 하자.

체력이 걱정되는 80세 자치회장

'복지 대피소'를 알고 있나요? 6

필요한 사람이 우선적으로 들어가는 대피소

'복지 대피소'는 일반 대피소나 재택에서 대피 생활하기 어려운 사람을 수용하는 시설이다. 복지 대피소는 재해 시 필요에 따라 개설되는 2차 대피소이기 때문에 처음부터 대피소로 이용할 수는 없다. 과거에는 문의가 쇄도할 것이 두려워 '복지대피소' 개설을 공표하지 않았던 것이 문제가 된 적이 있다.

가까스로 대피했지만 혼자서 대피 생활하기 어려운 사람을 대상으로 하는 대피소이다.

고령자, 장애인 임산부, 영유아 등의 '우선 배려자'를 수용하기 위한 시설이다.

사회 복지 시설, 데이서비스, 마을회관 등의 시설을 이용.

필요도가 높은 사람을 우선으로 한다.

재해 대책 본부가 수용 여부를 조정하기 때문에 직접 대피할 수는 없다.

평소에도 이용자가 있으므로 모두 받아주는 것은 어렵습니다.

제6장 대피 생활과 다시 일어서기

6. '반려동물과 함께 대피'하는 것이 원칙

반려동물에게 최소한의 훈련을 시킨다.

물론 백신 접종도 한다.

반려동물을 두고 대피하지 않도록!

과거의 재해대피소는 '반려동물 출입 금지'인 적도 있었다. 그러나 현재는 '반려동물과 함께 대피'하는 것이 원칙이다. 하지만 대피소는 다양한 사람이 모이는 곳이므로 반려동물과 함께 만족스런 대피 생활을 보내는 경우는 극히 드물다고 할 수 있다. 우선 만약의 사태에 대비해 간이 케이지를 비롯한 반려동물을 위한 방재용품을 준비해 두자(p.220 참조).

평소에 케이지 적응 훈련을 하고

연락처가 적힌 목걸이나 이름표를 걸어 둔다.

주인과 떨어져 있는 동안에 마르거나

목걸이가 떨어져 정보를 알 수 없게 된 사례도 있기 때문에

마이크로칩을 장착하기도 한다.

목 피부 아래에 마이크로칩을 삽입

기후에 따라 다르지만 세탁 그물망에 넣고 캐리어 가방에 넣어 보자기로 감싸 운반하면 고양이가 침착해진다. 단, 여름에는 피하는 것이 좋다!

반려동물의 '동행 대피'와 '동반 대피'는 다르다

대피소에 따라 다르므로 꼭 확인한다

반려동물과 '동반 대피'가 가능한 대피소 수가 적은 것이 사실이다. 그것도 동물관련 협회나 동물보호 자원봉사 단체 등의 협력에 의해 실현된 것이고 지자체의 대처는 거의 없다.
대피소 특성상 모두가 동물을 좋아하는 것도 아니고 알레르기가 있는 사람도 배려해야 되기 때문에 반려동물과의 '동반 대피'는 어렵다. 피해 지역에서는 수의사회가 피해 반려동물의 건강 검진이나 백신 접종을 무료로 실시해 주기도 한다. 정보에 귀기울이자.

반려동물은 방치해 두지 않고 같이 대피하는 것이 원칙이다.

'동행 대피'는 대피소까지 함께 가더라도 대피소에서는 정해진 장소에서 별도로 대피 생활을 한다.

'동반 대피'는 대피소 내에서도 같이 대피 생활을 할 수 있다.

피해 지역에서는 '동행 대피'와 '동반 대피'의 차이를 몰라서 혼란을 빚기도 했다.

이런~

안 된대

6 반려동물용 방재용품도 준비하자

펫 푸드와 물은 1주일분 정도 비축.

식기 / 펫 푸드

화장실 용품도 준비한다.

배변 시트
익숙한 화장실용 모래
신문지와 화장실 모래로 만든 간이 화장실

간이 케이지와 수리용 테이프

그 외 필요한 것은?

비닐봉지
예비용 리드 줄과 목걸이
테이프

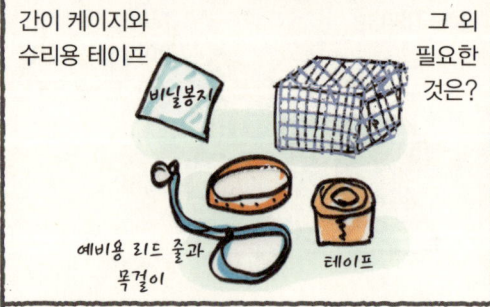

반려동물의 방재용품 주머니에는 반려동물의 정보표를 달아둔다.

수컷, 쿠키
포메라니안
2010년생.
3kg 접종완료

평소 반려동물을 위해 할 수 있는 것

대피소마다 반려동물을 다루는 방법이 다르다. 반려동물 전용 공간이 마련되어 있는 대피소가 있는 반면, 대피소에 공간이 없어 반려동물과 함께 차 안에서 생활을 할 수밖에 없는 대피소도 있었다.
준비해 놓을 수 있는 반려동물 방재용품을 생각하고 미리 갖춰놓자.

반려동물 전용 방이 있는 곳

사람과 동거 가능한 텐트

재난 현장의 영웅들에게 경의와 감사를! 6

재해 지역을 지원해 주는 많은 사람들

큰 재해가 발생하면 피해 지역이나 대피소에서 구조 활동에 분주한 사람들이 있다. 집에 돌아가지 못하고, 잠을 줄여가며 자신의 가족을 돌볼 틈도 없이 사명감 하나로 열심히 일하는 사람들이다. 그러한 사람들에게도 지켜야 할 가족이 있다는 사실을 잊지 말자.

큰 재해가 발생하면 도움을 줄 수 있는 사람들의 수가 압도적으로 적다. 스스로 할 수 있는 것은 최대한 스스로 한다는 마음가짐이 중요하다.

소방관, 군인, 구조대, 오염 제거반······

의사, 간호사······

관공서 직원, 지자체 직원······

자원봉사 활동에 여념이 없는 여러 사람들······.

저도 재해민입니다.

소방관

그들에게도 소중한 가족들이 있다.

옆에 있어주면 좋겠지만 다른 사람들을 위해 보내줬습니다.

제6장 대피 생활과 다시 일어서기

6 대피 생활 중의 '2차 재해'에 주의하자

재해를 당한 가족이 1층에 발진기를 놓고 2층에서 몸을 녹이고 있었는데

일산화탄소 중독으로 병원으로 실려갔다.

밀폐된 방에 발전기를 두었던 것이 원인이었다.

젖은 손으로 발전기를 만지면 감전될 수도 있다. 2차 재해가 일어나지 않도록 주의한다.

소형 발전기 등 익숙하지 않은 물건에 주의하자

발전기는 잘못 사용하면 화재나 일산화탄소 중독 등의 사고를 일으킨다. 출력에도 제한이 있어 발전기가 만능은 아니다. 또한 발전기는 실내 사용이 금지되어 있다. 외부에서도 환기가 잘되는 평평한 곳에서 사용하도록 한다.

발전기는 휘발유를 연료로 사용하므로 급유 시에도 세심한 주의가 필요하다. 평소 익숙하지 않은 사람이 대피 생활에서 갑자기 사용하다가 사고가 날 수도 있으므로 주의한다. 사용 설명서를 잘 읽고 연습해 두자.

가정용 부탄가스가 인기 있는 편이다

스스로 정보를 모으자 6

고향 사람들과의 연락을 유지한다

피해를 입고 간신히 목숨을 건져 고향을 떠나게 된 사람들은 '수취인불명' 취급을 받는다. 대피소의 잦은 이동, 임시 거주 생활을 이어가는 중에 안정된 생활을 할 수 없기 때문이다. 관공서도 피해를 입은 상황이기 때문에 평소보다 더 많은 업무로 혼잡하다. 가족이나 주변 사람들에게 도움을 요청해 정보를 모아두도록 하자.

지진, 해일, 원전 사고로 주민의 대다수가 주소지 불명이 되었다.

다른 지역에 사는 친척, 지인, 친구 집으로 / 많은 사람들이 급하게 대피했다.

기부금, 가설주택 안내, 재해 보조, / 국민연금, 건강보험, 학교, 행정 서비스 등

제가 알아봐 드릴게요.

되도록 스스로 먼저 연락하여 정보를 모아두자.

제6장 대피 생활과 다시 일어서기

재해 후 정리와
새출발 마음가짐

건물 잔해물 처리는 어떻게 해야 할까? 6

각 제도 등의 정보를 스스로 조사하자

특정 재해로 피해를 입은 주택의 잔해물 운반, 처리 비용에 보조금이 나오는 제도가 있다. 구마모토 지진 때는 운반, 처리 비용의 90%를 국가에서 지원하는 보조금 제도(환경부)가 있었다. 그러나 지자체 측의 혼란으로 인해 구마모토현 내 10개의 시구읍면 모든 주민에게 알리지 못했다. 비상시에는 스스로 정보를 알아보도록 하자.

지진이나 풍수 피해 등의 재해로 인해 발생하는 대량의 재해 폐기물.

일시적인 임시 처리장이 마련되어 있으므로 지시에 따라 분리하여 배출한다.

시민 임시 처리장

인력으로 움직일 수 없을 때는 업자에게 부탁한다.

폐기물 처리 시 보조금이 나오는 경우가 있으므로 사진과 영수증을 받아 둔다.

영수증 ₩3,000원

무허가업자는 아닌지 주의!

제6장 대피 생활과 다시 일어서기

6 쓸려내려 온 남의 집 가구는 어떻게 처분할까?

남의 집 가구가 마당에 쓸려왔다.

처분하고 싶어도 나중에 돌려달라고 할까봐 걱정이다.

그럴 때는 처분하기 전에 사진을 찍은 후 폐기한다.

옷장 속도 확인.

귀중품 외에 중요하다고 생각되는 물건은 따로 챙겨 두고

잠시 보관한다.

마당 구석 / 집 안

증거 사진을 찍고 행정 지시를 기다린다

동일본 대지진 당시 사유지로 쓸려온 '지진 쓰레기'를 처분할 때의 방침이다. 이때에도 사진을 남기는 것이 중요하다. 쓰레기처럼 보여도 소유자에게는 '소중한 추억의 물건'일 수도 있다. 참고로 재해 지역의 처리 자원봉사를 할 때도 '이 쓰레기는 어떻게 할까요?'라고 묻는 것은 금물이다.

안정될 때까지 기다려주세요.

지자체 창구에서 지침이 나오기 전까지는 보관해 두자.

수해 뒤처리(집 안) 6

소독액 취급에도 주의한다

침수된 마루는 약해져 있기 때문에 발이 빠지지 않도록 주의한다. 젖은 다다미와 이불은 시간이 지나면 썩어서 열이나 악취를 낸다. 합판은 마른 것처럼 보여도 나중에 곰팡이가 생긴다. 벽이나 가구를 닦는 소독액은 '염화벤잘코늄액(역성비누)'을 사용한다. 약국에서 구할 수 있으며, 지자체에서 배포하는 경우도 많다. 사용 방법을 잘 읽고 눈이나 피부에 닿지 않도록 주의하고 반드시 환기를 한다.

벽 안의 단열재가 젖어있다면 교체해야 한다.

단열재

바닥은 깨끗한 물로 오염을 제거한 후 완전히 건조시킨다.

0.1%의 염화벤잘코늄액

소독액으로 벽, 가구 등을 닦는다.

천장은 소독용 에탄올을 뿌린다.

말려도 다시 사용할 수 없는 것도 많다.

재해 시 발생한 쓰레기는 처리 방법이 평소와 다르므로 주의한다.

소독은 먼지와 비누가 남아 있거나 젖어있으면 확실한 효과가 없습니다.

제6장 대피 생활과 다시 일어서기

6 수해 뒤처리(여러 가지)

전기는 전력회사에, 가스는 가스회사에 점검받은 뒤에 사용한다.

수도는 수질이 탁할 수 있으므로 물을 흘려버린 후 사용한다.

자동차, 농기구는 시동을 걸지 않는다.

수리 센터에 상담한다.

휴대폰은 유심 카드, SD 카드를 분리하여 보관하고

휴대폰 본체는 전원을 끄고 건조한 후에 대리점에 상담한다.

식기는 세척하여 염소계 표백제로 소독한다.

적절한 방법으로 대처한다

우물물은 수질 검사를 마친 후 사용하는 것이 좋다. 자가 재배하는 채소는 오염수를 뒤집어 썼을 우려가 있으므로 생식은 피한다.
정원수나 집 벽의 진흙은 물로 충분히 씻어낸다.
식사 준비나 화장실 다녀온 후 등, 깨끗하게 손 씻기를 철저히 하자.

피로가 쌓이지 않도록 쉬면서 작업합시다.

바닥 침수라도 방심하지 말자 6

진흙이나 오염 물질을 제거, 건조, 소독!

바닥 침수는 마루 위로 침수가 되지 않을 정도로 주택의 기초 부분인 콘크리트 바닥까지 물에 잠긴 상태이다.

바닥에는 배관과 단열재 등이 있기 때문에 녹, 곰팡이, 목재가 썩는 원인이 되기도 한다.

바닥을 복구할 때는 기본적으로 진흙과 오염 제거, 건조, 소독한다.

바닥 침수는 겉으로는 문제가 없어 보여도 — 우리집은 문제 없어 — 바닥의 진흙과 오염수가 곰팡이와 악취의 원인이 된다. 질척질척

바닥에 스며든 진흙과 오염수를 퍼낸다.

강제 건조시키고 소독. 말끔~

헤드라이트가 편리하다.

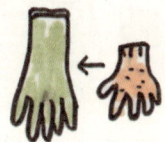

고무장갑 안에 목장갑 착용

마루를 다시 깔고 집 안 청소, 건조, 소독한다. 여러 번 닦아 낸다.

제6장 대피 생활과 다시 일어서기

6 차가 물에 잠겼다면?

자동차가 물에 잠겼다.

대출도 남아 있고 폐차하는 데도 비용이 든다.

물에 잠긴 차량이라도 매입해 주는 업자가 있다.

인건비가 싼 현지에서 재생된다.

포기하지 않고 정보를 수집한다

자동차가 물에 잠겨버렸다. 어떻게 해야 할까? 과연 수리가 가능할까? 수리 비용은? 자차 보험에 가입한 경우는 얼마나 받을 수 있을까? 보험설계사와 상담해야 할까? 폐차 비용은 얼마나 들까?

그런데 침수된 차량을 매입해 주는 업체가 있을까? 물론 찾아보면 있다. 우선 다방면으로 알아보자. 경우에 따라서는 고가로 매입해 주기도 한다.

염해 뒤처리를 꼼꼼하게! 6

소금의 영향력을 만만하게 봐서는 안 된다

태풍을 수반하는 비가 그친 후에 강풍이 계속되면 불어온 해수의 염분이 씻기지 않고 염해가 발생한다.
전선에 불꽃이 튀거나 조금씩 이상한 소리가 들리는 것은 소금이 전기가 통하기 쉽기 때문에 일어나는 현상이다. 염해는 지하철의 운행이나 정전에도 영향을 미친다.

폭풍은 해수를 감아올려 내륙까지 불게 한다.

탁탁

해수에 의한 소금의 영향으로 누전이 되거나 전선에 스파크를 일으키기도 한다.

창문 난간에 소금이 달라붙기도 하므로 물로 씻어내자.

창문이 뿌얘졌어!

염해는 농작물에도 악영향을 끼친다.

자동차에 붙은 해수는 부식과 녹의 원인이 되므로 반드시 세차하자.

제6장 대피 생활과 다시 일어서기　231

6. 건물의 이상 신호에 주의를 기울이자

정원에 질퍽거리는 곳이 있다면 땅 속 급수관이 파손된 것일 수도 있다.

겉으로는 멀쩡해 보이더라도 다시 확인해본다

재해 후에는 건물의 이상 신호를 놓치지 않고 파악하여 재빨리 대처하는 것이 중요하다. 균열을 방치해 두면 콘크리트의 열화, 중금속의 열화, 건물 자체의 열화로 이어진다. ==방치하면 많은 비용이 소요된다.== 아파트에 거주한다면 '관리소'에 보고하고 대처 방안을 마련한다.

집 외벽에 금이 가 있다면 균열로 인해 누수가 발생할 수도 있다.

바닥이 유난히 눅눅하다면 급수관이나 배수관이 파손되었을 수도 있다.

창문을 열기 어려워졌다면 끼~ 건물이 변형되었을 가능성이 있다.

외벽 타일이 떨어지면 큰 부상의 원인이 된다.

제 7 장

금전 관련 문제 &
재해 지역 지원

복구 지원
빠짐없이 조사하여
신청하기

각종 지원금 혜택 알아두기

같은 재해라도 지원금 적용 기준이 다르다

지역에 따라 지원금액이나 기준이 다르다

'재해 구조법'에 적용되는 것은 인구마다 정해진 '주택 멸실 세대수'가 기준이다. '재해 구조법'이 적용되면 대피소나 가설주택 생활재건지원금과 위로금 등의 지원을 받을 수 있다. 같은 자연 재해 피해자이지만, 사는 지역에 따라 시군구 단위로 지원에 차이가 있다. 적용되지 않는 재해도 지자체에 따라 '재해 위로금'이 나오기도 한다. 자세한 사항은 지자체에 문의해 보자.

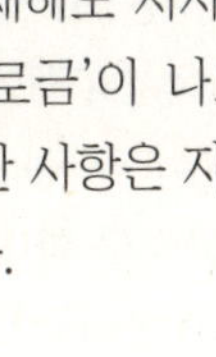

토네이도가 발생하여 지역 경계를 넘고 도시를 통과해서

우리 집만 파손되었다.

집이……

주변 관할 지역에서는 토네이도 피해자에게 지원금을 주는 것 같던데.

저도 지원금을 받을 수 있을까요?

죄송해요.

우리 시는 '재해 구조법'에 적용되지 않아 지원금이 나오지 않습니다.

뭐야~ 불공평하잖아.

제7장 금전 관련 문제 & 재해 지역 지원

7. 이재 증명서가 뭐예요?

'이재 증명서'는 지진, 폭설, 폭우 등의 자연 재해로 주거가 파손되었다는 증명서.

아파트나 임대주택에 사는 사람도 해당된다.

이재 증명서는 지원을 받기 위해 필요한 여권과 같은 것.

재해 위로금, 조의금, 의연금, 보험금 청구, 주민세, 보험료, 공공요금 등의 감면 및 유예 등, 보육원, 학교 교육에 관한 지원······

신청서에는 피해 상황의 사진이 필요하다.

휴대폰 카메라로 외관과 실내 사진을 찍어 기록해 둔다.

찰칵~

번거롭다고 생각하지 말고 알아보고, 사진을 찍고, 신청한다

'이재 증명서'는 직접 신청해야 발급받을 수 있다. 신청하고 조사를 받으면 이재 증명서가 교부된다. 주거 주택의 피해 조사는 지자체 직원이 실시한다. 그리고 신청할 때는 피해 상황을 찍은 사진이 필요하다.

구마모토 지진 때는 휴대폰으로 찍은 사진을 창구에 보여주고 확인 후 약 18만 건의 발행을 마칠 때까지 4개월 반이 걸렸다. 동일본 대지진 때는 해일의 항공사진으로 확인했다.

신청 방법은 각 지자체 홈페이지에서 확인하도록 한다.

관공서

신청하지 않으면 지원도 받지 못한다

기한이 있으므로 주의하자

지자체에 따라서는 '이재 증명' 신청 기한이 설정되어 있는 경우가 있다. 평균적으로 2주~1개월이며, 6개월인 곳도 있다. 이재 증명으로 받을 수 있는 '공적 지원'에도 기한이 있다. 이재 증명 신청은 위임장이 있으면 가족이나 친구에게 부탁할 수 있다.

지진 후

기울어진 집에서 불편하게 생활하고 있던 할머니.

어떻게 된 거지?

동사무소에 안 가면 돈 못 받아요.

그래요?

동사무소에 갔더니

겨우 왔네~

정보에 어두워 실제로 혜택을 받지 못한 경우도 있다.

앗!

신청은 지난달에 마감됐어요.

제7장 금전 관련 문제 & 재해 지역 지원

7 앞으로의 인생을 지원하는 재해 조위금

가장인 아버지가 재해로 사망하였다.
5,000만 원

생활을 지탱하는 어머니가 행방불명이 되었다.
2,500만 원

할아버지와 아이를 잃었다.
2,500만 원 2,500만 원

형제 단둘이 살았는데 단 하나뿐인 혈육인 형을 잃었다.
2,500만 원

미래를 지탱해주는 돈

특정 비상 재해로 사망한 사람의 유족에게는 지자체에서 재해 조위금이 지급된다. 지급액은 생계 유지 보호자가 사망한 경우 5,000만 원, 그 외 사람이 사망한 경우 2,500만 원, 재해로 인해 장애를 입은 경우에는 '장애 위로금'이 지급된다.

지급받은 사람이 사망한 경우, 해당 조위금에서 위로금을 뺀 나머지 금액을 지급한다.

슬픔 속에서도 내일과 미래를 생각하여 앞으로 나아가야 한다. 잃어버린 소중한 사람이 살고 싶었던 '앞으로의 일상'에 조금씩 눈을 돌려보자.

소중히 쓰겠습니다.

재해 관련 사망 시에도 조의금이 지급된다

다양한 원인으로 찾아오는 죽음

'재해 관련사'는 지진이나 해일 등에 의한 직접적인 죽음이 아닌, 대피 생활에서 쌓인 피로나 환경 악화 등으로 인해 병에 걸리거나, 지병이 악화되어 사망하는 것을 말한다.

구마모토 지진 때는 재해 관련사가 직접 피해로 사망한 사람보다 4배나 많았다.

재해 관련사를 인정받으려면 유족의 신청이 필요하다. 동일본 대지진 때에도 접수되지 않은 관련사가 다수 있었을 것이라 추측하고 있다.

어렵게 구한 생명이……

몸에 무리를 주는 대피 생활.

이코노미 클래스 증후군에 의한 돌연사.

지진 재해 시 다친 상처로 인해 사망한 사람.

지진의 충격으로 급성 심근경색을 일으키거나

윽!

현지를 떠나 대피 생활을 하다 사망한 사람도 있다.

7 변호사회의 무료 상담을 이용하자

대형 재해가 일어나면 현지의 변호사회에서

'재해 법률 상담 무료 전화 상담 다이얼'을 개설한다.

재해 자원봉사 센터에서도 무료 법률 상담을 하기도 한다.

무료 법률 상담

상담 시간은 10~15분 정도이니 상담하고 싶은 내용을 간결하게 정리해 두자.

이걸 상담해야겠다.

상담 가능한 사람에게 효율적으로 정보를 얻는다

'변호사에게 상담하기'란 높은 허들을 넘는 느낌이다. 하지만 고민해도 비전문가에게는 답이 나오지 않을 수도 있다. 대규모 재해 관련 법률은 점점 바뀌어가고, 조건이 느슨한 경우도 많다.
'친구한테 들었는데 안 될 것 같다', '파산밖에 없다'라는 등의 모호한 정보나 비전문가의 판단 때문에 유익한 제도를 놓치는 것은 아깝다. 전문가에게 조언을 얻어 깔끔하게 해결하자.

대출 등의 돈에 관한 상담은 자산 부채 등의 상세한 정보를 메모해 둔다.

'피해 대출 감면제도'를 알고 있나요?

개인 파산 이외에도 길은 있다

'자연 재해로 인한 피해자의 채무 정리에 관한 가이드라인', '개인 채무자의 사적 정리 가이드라인' 통칭 '피해 대출 감면제도'는 주택 담보대출 등으로 돈을 빌린 개인이나 사업에 필요한 자금을 빌린 개인 사업주가 대상이다.

'특정 비상재해(서일본 호우·구마모토 지진 등)'의 영향으로 대출금 상환이 어려워진 사람이 이중 대출에 빠지지 않기 위한 구제 제도이다. 개인 파산과 달리 채무 정리가 가능해 새로운 차입도 가능하다. 이런 구제책이 있다는 것을 알아 두면 손해 볼 일은 없다.

집이 전부 무너지고 주택 담보대출만 남았다.

대출 상환 기간은 연기할 수 있더라도 원금과 이자를 전액 지불해야 하므로 빚에 시달리게 된다.

상환을 미룰 수 있어요.

한신·아와지 대지진 등 많은 사람들을 괴롭힌 교훈에서 생겨난 것이 바로 '대출 감면제도'

'대출 감면제도'는 '개인 파산'과는 크게 다르다.

개인 파산하면 대출금은 없어지지만 카드도 만들 수 없어….

대출을 줄일 수 있는 방법이 있다고?

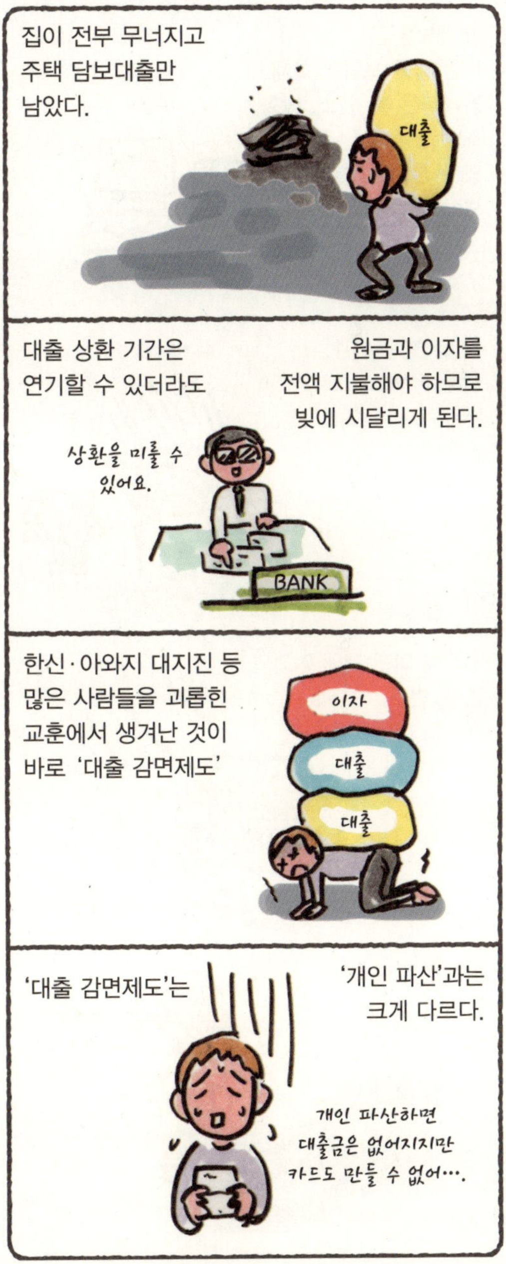

7 화재보험, 가재보험을 확인하자

'화재보험'은 작은 불을 포함한 화재, 옮겨붙은 불, 연소, 방화, 소방 활동에 의한 침수도 보상 대상이다.

소화 방수로 가전이……

특약사항은 번개, 설해, 우박, 가스 폭발, 누수, 토네이도, 도난 등이 있다.

우박이!

지진에 의한 재해 이외의 홍수, 만조, 산사태, 태풍도 해당된다.

화재보험 요강을 확인해 보자.

오! 태풍도 해당되는군!

다양한 보상이 있는 보험

'화재보험'은 화재뿐만 아니라 다양한 재해 상황에 보상받을 수 있다. 지진 이외의 자연재해 발생 시 보상받을 수 있는 경우도 많고, 도난 등의 피해도 보상받을 수 있다. 임대 건물이라면 '가재보험'에 가입된 경우도 있으므로 보험회사에 확인해 보자.

만약 수리를 마쳤더라도 피해 당시의 사진이나 증명서 등으로 피해가 증명되면 보험금을 청구할 수 있다. 지난 3년까지 소급 신청도 가능하다.

신청하지 않으면 보험금은 나오지 않습니다.

생명보험에 가입했는지 잘 모르겠다 7

잘 몰라서 곤란할 때는 연락해 보자

일본손해보험협회가 실시한 '자연재해 등 손보 계약 조회 제도'는 주택 등의 유실, 소실 등으로 보험 계약에 관한 서류를 잃은 계약자의 계약 조회에 대응하기위한 것이다.

원칙적으로는 피해를 입은 본인, 본인의 친족(배우자, 부모, 자식, 형제, 자매)이 대상이다. <u>재해 구조법의 적용 지역, 국가의 요청이 있는 지역으로 한정되어 있다.</u>

'자연 재해 등 손보 계약조회센터'
문의처 0120-501-1331
(월요일~금요일 9시 15분~17시)

해일과 지진으로 집이 완전히 무너졌다.

보험을 관리하던 엄마가 돌아가셨다.

생명보험증? 보험증은 둘째치고

보험에 가입했는지도 잘 모르겠다.

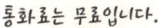
통화료는 무료입니다.

제7장 금전 관련 문제 & 재해 지역 지원

재해 지역 지원하기

자원봉사센터의 활동 알아보기 7

자원봉사자와 도움이 필요한 사람을 연결해준다

자원봉사센터는 재해 지역의 사회복지협의회가 출범한다. 자원봉사센터는 현지 관계자, 지자체회 등을 통해 정보를 수집한다. 직접 재해자의 요구사항을 듣고 다니는 경우도 있다. 자원봉사센터의 활동은 비상시뿐만 아니라 평소에도 어려운 이웃과 자원봉사를 원하는 사람을 연결하는 활동을 하고 있다.

재해가 발생하면 정보를 수집한다.

오프로드로 탐방

피해자의 요구사항과 자원봉사자 접수를 관리한다.

자원봉사자를 매칭하고

주의사항을 설명하거나 도구를 대여해주고

작업 현장까지 태워주는 지원도 한다.

활동 후에는 보고를 받고 정보를 업데이트하기도 한다.

제7장 금전 관련 문제 & 재해 지역 지원

7 자원봉사자의 기본 마음가짐

자동차는 연료를 가득 채워 준비하고

주차 공간도 미리 확인해 둔다.

숙박할 곳을 확보하고
- 텐트 숙박
- 친구, 지인 집
- 침낭 지참
- 차 안에서

장비와 식사도 준비한다.
- 장비
- 식료품
- 자원봉사 활동 보험 가입

다양한 자원봉사가 있다.
- 식사 준비
- 집 정리
- 아이들 놀이 상대

자원봉사는 전부 스스로 준비한다

자원봉사는 경우에 따라 어려운 점이 많다. 동일본 대지진 직후에는 숙박, 식사, 주차장 확보, 도로 사정 등의 이유로 자원봉사를 거주지 근처로 한정하는 경우도 있었다. 또한, 재해 지역은 일반 차량의 출입을 제한하기도 한다. 미경험자가 재해 지역에 갈 때는 재해 지역에 부담이 되지 않도록 해야 한다. 시군구에서 운영하는 자원봉사센터에서 정보를 수집, 확인한 후 행동하자. 재해 지역에서 활동하는 것은 매우 힘든 일이므로 피로가 쌓이지 않도록 자기 관리가 중요하다.

자원봉사자의 올바른 자세와 장비 7

다양한 상황을 예상해서 준비한다

육체노동에는 자신이 없어도 대피소의 식사 준비나 청소 등은 도울 수 있다. 쇼핑과 지원물자의 방문 배달, 집 정리 등 재해 지역에서는 다양한 봉사 활동을 필요로 한다.

일의 내용은 둘째치더라도 재해 지역에 갈 때는 장비를 제대로 갖추자. 자원봉사자는 기본적으로 필요한 모든 것을 스스로 준비한다.

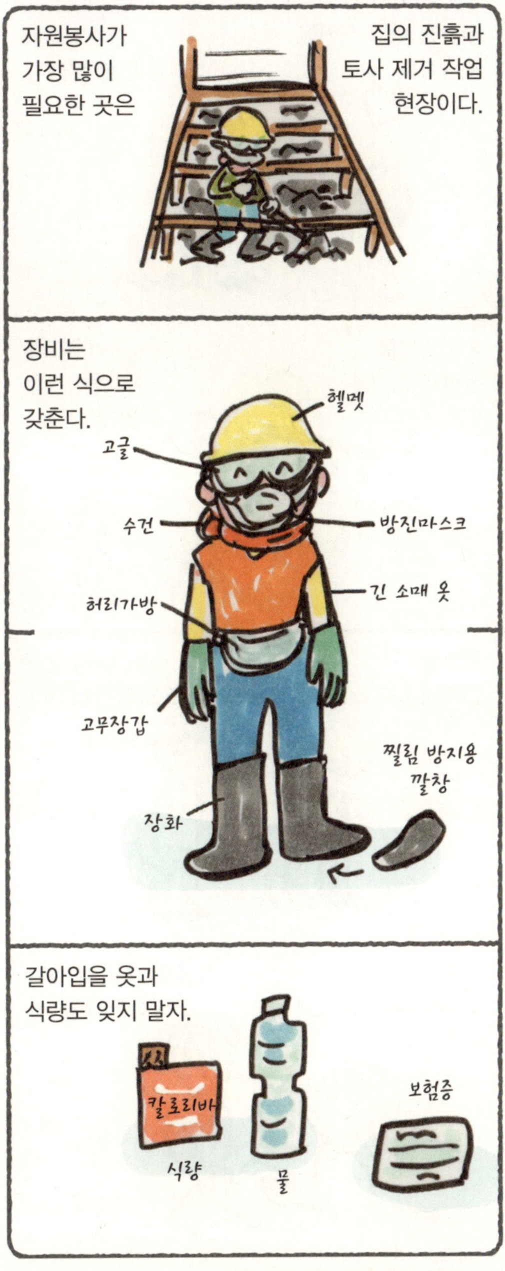

자원봉사가 가장 많이 필요한 곳은 집의 진흙과 토사 제거 작업 현장이다.

장비는 이런 식으로 갖춘다.
- 헬멧
- 고글
- 수건
- 방진마스크
- 긴 소매 옷
- 허리가방
- 고무장갑
- 찔림 방지용 깔창
- 장화

더러워진 것을 넣기 위한 비닐봉지
물티슈
비닐봉지
여벌옷

갈아입을 옷과 식량도 잊지 말자.
- 칼로리바 식량
- 물
- 보험증

제7장 금전 관련 문제 & 재해 지역 지원

7 자원봉사자 보험에 가입해 두자

거주지 근처에서 미리 가입해 두는 것이 좋다

자원봉사자 접수는 자원봉사센터에서 한다. 그리고 자원봉사를 하려면 '자원봉사활동 보험'에 반드시 가입해야 한다. 활동 중에 입은 부상이나 사고로 인해 타인에게 부상을 입힌 경우에도 보험금이 지급된다. 또한, 재해 지역까지 이동하는 중에 발생한 사고도 보상 대상이 되므로 안심할 수 있다. 현지에서도 가입할 수 있지만 바쁜 피해 지역에 부담을 주지 않으려면 출발 전에 가입하도록 한다. 보험료는 보상 내용에 따라 다르지만 3,500~7,100원 정도이다(보증 기간은 4월 1일~다음 해 3월 31일까지 1년간 유효).

무작정 재해 지역에 찾아가도 오히려 부담을 줄 뿐이다.

인터넷으로 올바른 정보를 입수하고 필요한 자원봉사는 매일 변경된다.

준비를 철저히 하고 홈센터 장비, 숙박, 식량 등은 스스로 준비한다.

가까운 사회복지협의회에서 자원봉사자 보험에도 가입해 둘 것.

접수 줄줄이~

7 무료 봉사버스를 이용해 재해 지역 방문

부담 없이 가볍게 참가할 수 있다

재해 지역까지 가는 교통수단으로는 '자원봉사버스'를 추천한다. 무료로 이용 가능하고 재해 지역에 가기에도 수월하다. 서일본 호우 때는 자원봉사선(船)도 항해했다. 단, 임시 등록이 필요하고 정해진 집합시간에 모여 선착순 정원만 무료로 승선할 수 있다.

사전 연수 필수인 곳도 있으므로 가까운 사회복지협의회 홈페이지에서 확인하자. 자세한 정보를 얻을 수 있다.

자원봉사선도 있습니다.

자원봉사버스를 알고 있나요?

각 지역의 사회복지협의회가 주최하는 자원봉사자를 위한 무료버스이다.

무료라고?!

대부분은 당일치기.

아침에 출발하여 낮 시간 동안 현지 활동하고 밤에 돌아오는 식이다.

인터넷에서 임시 등록하고 집합 장소로 직접 간다.

홈페이지나 공식 트위터로 확인!

버스 승차는 선착순이며 정원이 차면 마감된다.

7. 자신의 능력을 조용히 어필하자

등에 'ㅇㅇ 할 수 있어요' 표시하기

자원봉사 활동은 다양하지만, 적재적소에 활용할 수 없는 것이 현실이다. 도움을 요청하는 사람이 말 걸기 쉽게 자신의 이름과 가능한 일을 적어 등에 붙여보자.

수화, 영어를 비롯한 외국어 능력, 마사지, 미용사, 힘쓰는 일, 아이 돌보기, 전기 공사, 목수, 운전 등 자신이 할 수 있는 일을 어필하면서 주어진 일을 제대로 해나가자.

자원봉사자는 등에 표시판을 붙인다.

포장 테이프로 등에 붙인다.

표시판에는 자신의 능력을 적는다.

한신·아와지 대지진 때는 무너진 건물더미에서 주먹밥을 나눠 주는 자원봉사자도 있었다.

자원봉사자임을 한눈에 알 수 있어서 편리하다.

테이프에 직접 썼어요!

자원봉사를 부탁하는 데도 요령이 있다? 7

도와주는 사람의 마음을 받아들이기

재해 지역에서는 사회복지협의회가 개설한 자원봉사센터에 자원봉사를 요청할 수 있다 (p.245 참조). '수원력(受援力)'이라는 신조어가 있다. 이는 자원봉사자의 도움을 받아들이는 능력을 말한다.

자원봉사에 대한 이해, 조정 능력, 자원봉사자가 활동할 수 있는 환경 등 주민 개인의 수준에서 행정 수준까지 재해 자원봉사를 받아들이는 능력은 복구하는 데 매우 중요한 사항이다.

자원봉사자들의 식사, 숙박, 보수 등은 걱정하지 않아도 된다.

자원봉사자는 그 지역 지리에 대한 지식도 없고

심야버스 타고 왔습니다.

각 피해자의 자세한 요구사항 등도 잘 모른다.

자원봉사를 의뢰할 때는 도움을 받을 일, 의뢰자의 상황,

노인이 많아서 힘 쓰는 일이 필요해요.

연령·성별 등 구체적인 정보를 전달하자.

한때는 경계심이 강해

외부인은 필요 없어~

자원봉사를 거부한 적이 있다고 한다.

어려울 때는 서로 도와야지요.

정리도 그렇지만 자원봉사자와 쉬는 시간에 이야기하니까 오랜만에 기분이 좋아졌어요.

걱정 안 해도 돼요!

7 누구에게도 말할 수 없는 고민을 해결해 주자

한 노인이
추운 대피소로
이송되었는데,

화장실을 참느라
물도 잘 안 마시고

지급된 주먹밥과 건빵도
먹지 않았다.

그 이유는 '틀니'를
잃어버렸기 때문이었다.

쇠약해져서
병원행

'틀니 하나'로 많은 사람을 구할 수 있다

당사자에게는 신체의 일부와 같은 중요한 물건이라도 비상 시에는 챙기지 못하는 경우가 있다. 한 할머니는 항상 사용하던 틀니를 잃어버린 채 대피소로 왔다. 남의 눈이 신경쓰여 창피해서 누구에게도 말하지 못하고 있었다. 그래서 지원 물자인 건빵을 먹을 수가 없어서 컨디션이 무너져버린 것이다. 대피소에서 유난히 환영받은 봉사는 바로 '틀니 간이 제작', '안경 간이 제작'이었다.

당사자에게는
소중한 것

사진 복구 작업을 통해 되살아나는 추억 7

물에 잠긴 사진은 깨끗하게 씻는다

물로 씻을 수 있는 사진은 전문 사진관에서 출력한 것이어야 한다. 가정용 잉크젯 프린터로 출력한 사진은 해당되지 않는다.

'네거티브 필름'은 플라스틱 수지로 '사진 프린트' 용지보다 튼튼하다. 네거티브 필름 케이스(반투명 보호 주머니)에 들어 있어서 비교적 손상이 적고, 다시 사진을 인화할 수 있다. SD카드 등의 외장 메모리는 깨끗한 물에 씻어 말리면 사용할 수도 있다.

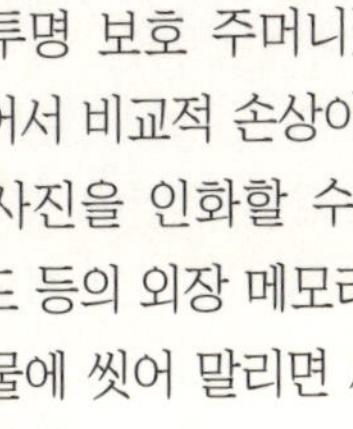

기록 미디어는 깨끗한 물에 씻어 말린다.

바닷물과 흙탕물을 뒤집어 쓴 추억이 담긴 사진은

미지근한 물에 30분 정도 담근다.

앨범을 통째로 담근다.

달라붙은 사진을 살짝 떼어내고

손가락 끝으로 사진 표면의 오염물질을 닦아낸다.

그늘에서 천천히 말린다.

제7장 금전 관련 문제 & 재해 지역 지원

7 외국인을 위한 지원은?

재일외국인, 유학생, 관광객도 재해로 인한 피해를 입는다.

지진 무서워~

여권 재발급은 해당 국가 영사관에서, 외국인등록증은 신청한 시군구에서 처리한다.

여권
등록증

각 지자체에는 다국어를 지원하는 전용 창구가 있어서 복잡한 이재 증명서 신청을 도와준다.

OK

또한 국제교류회에서 다국어 외국인 상담센터를 오픈했다.

이해하기 쉽게 천천히 이야기한다

당연한 이야기지만, 일본에 거주하거나 여행을 온 외국인도 재해로 인해 피해를 입을 수 있다. 외국인에게는 어려운 단어는 피하고 쉬운 단어로 바꿔 설명하자. 예를 들어, 여진은 '나중에 오는 지진', 대피소는 '도망가는 곳', 급식소는 '따뜻한 음식이 나오는 장소' 등이다. <mark>한 문장에 한 가지 정보만 짧은 문장으로 전달해주자.</mark> 상대가 잘 이해하고 있는지도 확인한다.

고대(高臺), 즉 높은 언덕으로 렛츠고!

7 인기 있는 지원 물자는?

대피소에는 생각지 못한 수요가 있다

물을 사용할 수 없는 대피 생활에서는 알코올이 함유된 물티슈를 자주 사용한다. 그래서 손이 거칠어지거나 피부염이 심해 대피소에서 생활하는 여성이 고생한다고 한다. 지원 물자에는 스킨케어용품이 없었기 때문에 핸드크림이 매우 인기 있었다. 자외선이 강한 시기에는 선크림이나 바디파우더 등도 좋다.

핸드크림, 립크림.

손, 입술이 트고 갈라지는 사람들이 많아 힘들었는데 도움이 되었다.

칫솔.
물은 없어도 이를 닦고 싶어.

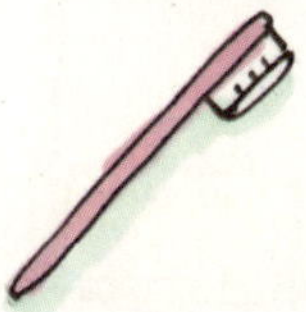

역시 정보가 필요해.

신문, 잡지

라디오

세탁이 불가능하므로 생필품도 도움이 된다.

속옷
수건
물티슈
돗자리

아마존 물자 지원 서포트
대피소와 NPO의
'원하는 물건 리스트'를 확인

인터넷 구매 지원

7 물자를 지원 받는 사람의 기분을 고려하자

손을 씻을 수 없는 대피 생활을 고려해서

한 개씩 비닐 봉투에 넣는다.

받는 사람 입장에서 생각하며

종이테이프에 치수와 내용물을 적는다.

세면도구는 한 세트를 구성하는 것이 좋다.

물건을 쌓아놓을 때는 내용물을 알 수 있도록

상자 겉면 다섯 면에 해당 내용을 적은 종이를 붙인다.

상상력을 발휘해서 배려 있게 포장한다

재해 지역에는 많은 품목의 지원 물자가 도착한다. 지원 받는 사람들도 지원 물자를 분류하는 데 많은 시간이 걸린다. 따라서 물자를 보낼 때는 내용물이 무엇인지 알기 쉽게 표시하는 것이 중요하다.

지원 물자는 보통 의류, 속옷, 해열제, 기저귀, 생활용품, 세면도구, 핫팩, 생리용품, 종이컵, 랩, 음료수, 식품, 담요나 수건 등이 있다. 지원 물자는 장소와 시기에 따라 달라지므로 지자체에 확인한 후 준비하자.

기본적으로는 새것으로 준비한다.

우리가 할 수 있는 작은 것부터 지원한다 7

일이 있으면 삶의 보람과 일상을 되찾아주자

동일본 대지진이 일어난 지 불과 한 달 뒤, 처음으로 피해지인 시오가마 항구에서 참치를 어획하였다. 경매에 붙여진 참치는 평소의 두 배 가격으로 팔렸다고 한다. 오랜만에 시장에 활기찬 목소리가 울려 퍼졌다. 일본 각지에서 일어나는 재해. **피해를 입은 모든 분들이 일을 통해 삶에 대한 긍지와 빠른 일상복귀가 이뤄지기를 바란다.** 직접적인 피해를 받지 않은 우리들이 할 수 있는 일은 간접적으로 작은 것에서부터 지원하는 것이 아닐까?

참치 어획량 일본 최고!

주말을 보내는 방법을 조금 바꿔보자.

촌스러워

가족, 친구, 연인과 함께 집의 전기를 끄고 외식을 하자.

재해 지역의 식재료를 사용한 요리는 어떨까?

조용히 응원하는 방법도 있다.

맛있어~!

무리하지 않는 범위에서 생각해 보자.

제7장 금전 관련 문제 & 재해 지역 지원

그 이후로
많은 일이
일어났습니다

괜찮네. 블로그를 만들어 올려보면 어때?

블로그!?

그 블로그를 계기로

2011년 3월 11일 동일본 대지진 발생.

TV와 라디오에서 흘러나오는 수많은 정보.

2011년에 이 책의 바탕이 되는 『모두의 방재 핸드북』을 출간.

저자 데뷔

유익한 정보, 처음 알게 된 정보, 예상치 못한 정보 등

틈틈이 계속 그려 두었다가

이어서 『방재&비상시 식사북』도 출간.

'이렇게 4컷 만화로 그리면 알기 쉽겠지' 하고 딸에게 보여줬더니

PTA에 내볼까~

중국, 한국, 대만에서 번역되었다.

그것을 계기로 한국에 초대되어  "첫 한국 방문"	피해자에게 '복구 지원'이 제대로 활용되고 있지 않다는 사실을 알게 되었다.  "이중대출 구제를 위해 만든 건데!"
한국의 대학에서 방재에 관한 강연도 했다. "떨려~" "그림 연극같은 프레젠테이션"	나도 몰랐던 사실이고 매스컴, 은행, 관공서에서도 알려주지 않았다!  "이런~"
방재 공부도 계속해서 방재사 자격증도 취득했다.  방재사 쿠사노 카오루	'피해 대출 감면제도'가 있다는 사실을 4컷 만화로 그려서 
어느 날 재해 복구 지원에 정통한 변호사 에게 이야기를 들을 기회가 있었는데 	오랜만에 트위터에 올렸더니 "심야 트윗~" 

제7장 금전 관련 문제 & 재해 지역 지원

다음날 아침,
휴대폰이 난리!

뭐야~
무서워~

부~부~

그래서 새로운 정보를 대폭으로 추가, 수정하여 이 책을 내는 데에 이르렀다.

이것도 추가
저것도 추가

고장인가 싶을 정도로 트위터 알림이 멈추지 않았다.
이게 바로 '인싸'라는 건가?

삐질 삐질
당시 팔로워 100명 이하

항상 격려해주는 매니저 요코 씨

저자 데뷔 이래 신세지고 있는 편집부 오야마 씨

'리트윗' 6만 초과, '좋아요'는 5만 초과.
야후 뉴스에도 소개됐다.

몰랐어.
이런 제도가 있었구나.

도움을 주신 모든 관계자 여러분,
책을 구매해 주신 여러분 모두 감사합니다.

꾸벅

어려운 지식이나 이해하기 어려운 것도
만화로 그리니까 모두 봐주는구나!

이 책이 방재용품의 하나로써 도움이
된다면 좋겠습니다.

비상용 가방

재해는 지혜와 대비로 줄일 수 있다

4컷 만화로 보는
생활 속 재난 대비 생존 매뉴얼

2020. 8. 5. 초 판 1쇄 인쇄
2020. 8. 12. 초 판 1쇄 발행

지은이 | 쿠사노 카오루
옮긴이 | 황명희
펴낸이 | 이종춘
펴낸곳 | BM (주)도서출판 **성안당**

주소 | 04032 서울시 마포구 양화로 127 첨단빌딩 3층(출판기획 R&D 센터)
     | 10881 경기도 파주시 문발로 112 출판문화정보산업단지(제작 및 물류)
전화 | 02) 3142-0036
     | 031) 950-6300
팩스 | 031) 955-0510
등록 | 1973. 2. 1. 제406-2005-000046호
출판사 홈페이지 | www.cyber.co.kr
ISBN | 978-89-315-8934-4 (13590)
정가 | 15,000원

이 책을 만든 사람들
책임 | 최옥현
진행 | 김해영
교정·교열 | 디엔터, 김해영
본문·표지 디자인 | 디엔터, 박원석
홍보 | 김계향, 유미나
국제부 | 이선민, 조혜란, 김혜숙
마케팅 | 구본철, 차정욱, 나진호, 이동후, 강호묵
마케팅 지원 | 장상범, 조광환
제작 | 김유석

이 책의 어느 부분도 저작권자나 BM (주)도서출판 **성안당** 발행인의 승인 문서 없이 일부 또는 전부를 사진 복사나 디스크 복사 및 기타 정보 재생 시스템을 비롯하여 현재 알려지거나 향후 발명될 어떤 전기적, 기계적 또는 다른 수단을 통해 복사하거나 재생하거나 이용할 수 없음.

■ 도서 A/S 안내

성안당에서 발행하는 모든 도서는 저자와 출판사, 그리고 독자가 함께 만들어 나갑니다.
좋은 책을 펴내기 위해 많은 노력을 기울이고 있습니다. 혹시라도 내용상의 오류나 오탈자 등이
발견되면 **"좋은 책은 나라의 보배"**로서 우리 모두가 함께 만들어 간다는 마음으로 연락주시기
바랍니다. 수정 보완하여 더 나은 책이 되도록 최선을 다하겠습니다.
성안당은 늘 독자 여러분들의 소중한 의견을 기다리고 있습니다. 좋은 의견을 보내주시는 분께는
성안당 쇼핑몰의 포인트(3,000포인트)를 적립해 드립니다.
잘못 만들어진 책이나 부록 등이 파손된 경우에는 교환해 드립니다.